法自然系列丛书

李承蔚 著

青年律师的“攻守道”

法律出版社 | LAW PRESS
北京

图书在版编目（CIP）数据

青年律师的“攻守道”／李承蔚著. -- 北京：法律出版社，2025. -- ISBN 978－7－5197－9980－9

Ⅰ. D926.5

中国国家版本馆 CIP 数据核字第 2025LR3046 号

青年律师的“攻守道”
QINGNIAN LÜSHI DE “GONG-SHOU DAO”

李承蔚　著

策划编辑　朱海波　杨雨晴
责任编辑　朱海波　杨雨晴
装帧设计　鲍龙卉

出版发行　法律出版社
编辑统筹　法律应用出版分社
责任校对　蒋　橙
责任印制　刘晓伟
经　　销　新华书店
开本　A5
印张　8.375　　**字数**　250 千
版本　2025 年 8 月第 1 版
印次　2025 年 8 月第 1 次印刷
印刷　保定市中画美凯印刷有限公司

地址：北京市丰台区莲花池西里 7 号（100073）
网址：www.lawpress.com.cn
投稿邮箱：info@lawpress.com.cn
举报盗版邮箱：jbwq@lawpress.com.cn
销售电话：010－83938349
客服电话：010－83938350
咨询电话：010－63939796

书号：ISBN 978－7－5197－9980－9　　**定价**：49.00 元

凡购买本社图书，如有印装错误，我社负责退换。电话：010－83938349

作者简介

李承蔚

先后毕业于四川大学、西南政法大学。70后律师，坤源衡泰（昆明）律师事务所合伙人，西南政法大学首批咨询委员，西政英才推荐大使、西政云南校友会创始人，致公党云南省委法治建设工作委员会主任、致公党云南省委监督委员会委员，泰中国际仲裁与调解中心仲裁员，哈尔滨仲裁委仲裁员，贵阳仲裁委仲裁员，云南大学法学院兼职硕士导师，云南省社会组织评估专家人才库评估专家，昆明市官渡区人民法院首批人民调解员，昆明市官渡区人民检察院检察听证员，云南省新的社会阶层人士联谊会法律服务团副团长、昆明市新的社会阶层人士联合会理事，云南省律师协会公司法及合规管理法律业务研究委员会副主任。

致力于政府法律顾问；公司法律、公司或企业法律风险防控系统与合规管理；数字与知识产权法律；能源法律；招标投标和政府采购、建筑工程、房地产；执行案件疑难杂症破解等法律实务深耕细作。一直倾力于民法基本理论、民法热点问题及民法哲学、法哲学等方面研究；先后在《中国法律评论》《方圆律政》《中国律师》《民主与法制》《社会科学家》《温州大学学报》《四川轻化工大学学报（社会科学版）》（原《四川理工学院学报（社会科学版）》）《中国政府采购》《政府采购信息报》《中国政府采购报》《中国招标》《招标与投标》《云南建设工程招标投标》《现代物业》《重庆律师》《广州律师》《民法哲学研究》《云南经济日报》等刊物发表实务文章上百篇，著述《法意人生》《商品房买卖合同纠纷典型案例研究》《保险法律实务操作指引与风险防控》《招标投标和政府采购法律实务操作指引与风险防控》《青年律师的“攻守道”》，正筹划《写在法律边上》《我的朋友圈——一位70后律师的自述》《我与法学家》《书缘与人缘》等专著出版，秉承“岁月流逝，笔耕不辍”的信念，诠释“嘴巴子、笔杆子、脚丫子”的“诸子文化精神”！

邮箱：63477463@qq.com

正道集团
Zheng Dao Group

云南正道实业集团有限公司

云南瑞玛克建设工程招标代理有限公司

云南立信工程造价咨询有限公司

支 持 出 版

序

授业的难处

呈现在读者眼前的，是李承蔚律师写给青年同道的建言，类似艾伦·德肖维茨写给年轻律师的书札。

书中的内容，部分是经验之谈，部分是思考所得，字里行间，不空谈，都是实实在在的干货。霍姆斯曾经说过："年轻人学习法律的地方是法学院，而不是律师的办公室"，这个观点我没有意见。然而，对于律师在执业活动中的技能与技巧，以及职场中的生存谋略，又或本书所称的"攻守道"，恐怕还得到律师的办公室去学习，法学院的课程中找不到这么接地气的内容。读者很幸运，李承蔚写的这本书，不啻向你们敞开了他的办公室。

作者说话的对象，似乎不限于青年律师，也兼顾了更资深的群体和他们执业的机构。至少在我看来，所谓律师（所）的"才与德""攻与防""形与质""式与范"等，不仅仅是青年律师要学的，也是任何一位律师需要终身研修的课程，而其中的精髓，比如"形与质”，更是每一家律所需要琢磨的问题，尤其是在普遍浮躁的世风之下，律所容易陶醉于外形的硕大，而忽略内在的品质。因此，作者关注“形与质”的辩证关系，可谓切中时弊。

这些年我有一种印象，律师似乎特别能写，也特别能讲，类似的书，或相似内容的培训，层出不穷。本来法律已经够深奥了，因为有了各种“攻守道”，让我们这个职业也显示出了某种深奥，用王朔的话来说：幸亏有这样的人，拿无聊的生活做菜，那些没意思的事才在他们笔下显示出几分意思，看得高兴，好像大家都没白活似的。

我也曾经有过这样的嗜好，时不时喜欢用文字与人分享对职场的感悟，偶尔遇到三五个客套的点赞，便有为人指点迷津的成就感。其实这是一种错觉。正如德肖维茨所言，“大多数建言者只是在指导别人如何成为自己”，而事实上，个人的经验或感悟，未必适用于其他人，甚至，存在误导也未可知。

这便是授业的难处。

传统的授业讲究“手把手”的言传身教，由此形成了师徒关系。囿于认知和能力，这种点对点的教育难免“种瓜得瓜，种豆得豆”，二流的师傅很难教出一流的徒弟。若将这种教育模式放大，以授业的架势面对不特定的受众，或不免陷于尴尬，毕竟民间有高手嘛。

因此，任何经验之谈，如果要写成书，面对不特定的读者，都需要借助研究来深化。易而言之，如果你讲的都是“应然”，那就未必是自己已经做到的，而是你认为应该做到的。若以这样的姿态来说话，或写书，不仅在内容上可以超越自己的体验，更是以平等的方式在与受众对话，仿佛在共同学习一门课程，避免了说教之嫌。

德肖维茨很敏锐地注意到了这个问题。他告诉读者："我坚信，模仿并不是恭维他人的最好方式，因为真正有个性的人，是永远都无法被模仿的。"他还说："切记不要仅仅以'多年经验'为由就轻信他人，在你对经验寄予厚望之前，一定要确信，提建议者已经从其经历中吸取了经验教训。"我认为这是极其高明的忠告，既让读者知道该如何读书，也让作者知道该如何写书。借助低调谦逊的导读，他提醒读者不要迷信大咖，而应当以审视的眼光来判断对方是否知行合一。坦率地讲，身为作者，仅凭这样诚恳的态度，就足以予人好感，至于书中当真存在不足，又有谁会吹毛求疵呢？

任何一个作者，要消解授业的难处，最佳的方式莫过于放下身段，用温情的笔调与读者促膝谈心，将自己的体验、得失、反省及总结和盘托出，以期引起共鸣。恰这样的文字，比之那些满篇大词，悬鹄颇高地说道，更容易让人接受。本书的作者显然也意识到了这个问题，他的论事与说理，不粉饰，忌显摆，语言不铺张，点到为止，留下余味供人自品。这样的表达是颇合授业之道的。

需要说明的是，我之所以悖于常态，省略了司空见惯的客套话，是因为我对这本书的完美呈现抱有更大的期待。作者请我作序，我则与之诚恳地交流，算是以一种特殊的方式，尽了自己的本分。毫无疑问，能够条分缕析，洋洋洒洒写出律师的“攻守道”，绝不是一件简单的事情，至少我就没有这样的本事。也在这个意义上，我应该对作者表达敬意。

孙渝于山城

2025 年 4 月 24 日

目 录

辑一 律师的才与德

辑二 律师的攻与防

辑三 律师的思与行

辑四 律师服务的形与质

辑六 律所的形与质

辑　一

律师的才与德

篇一

致青年律师：永远别让你的技巧胜过你的品德①

不少年轻律师（主要指青年律师）以为，经过实习律师阶段，申请到律师执业证后便是名副其实的“律师”了。② 当然，名义上确是如此，可笔者认为，这离严格意义上的律师③ 还差十万八千里（当然，特别有法律思维禀赋或丰厚的社会阅历及经历的个体法律人除外）。

不免有人对此质疑，那何为“实质”或“严格意义”的律师？所

---

① 参见李承蔚:《致青年律师：永远别让你的技巧胜过你的品德》，载微信公众号“方圆”，2018 年 5 月 4 日。

② 姑且不论随着实习期的结束，便自然获得律师执业证的情形，即便在实习期间，孜孜矻矻地切磋琢磨法理、法律及实务的，仅一年半载的实习生涯，也是难以速成的。当然，这只是针对一般人而言，在专业的成长路上，也是因人而异，不同的人慧根有别，成长有快慢，闻道有先后而已。

③ 业界并没有“何谓严格律师”的权威定义，也没有律师的“标准”定义。只是从成长阶段、职业操守、价值取向等角度对律师进行学理或认知划分而已。此处，主要从执业年限和个人能力角度来体现“成熟”律师而已。

谓“实质”或“严格意义”的律师，不仅应该取得律师执业资格，更应该能习惯如法学家一样洞察、思考法律问题，并能独立、娴熟地运用法律人思维来分析、处理实务问题。

律师，不在乎名头，而在乎其是否具备“在其位，谋其职”的自觉和能力。

一、律师不以“大小”论，而以“实质”区分

人们常常以“大小”论律师是否成熟，是否成功，也常将出道早、涉世深，拥有不少头衔或光环的律师称为“大律师”，年轻、出道晚，未拥有什么光环或头衔的律师则被视为“小律师”。

这不过是普罗大众，或律师行业外人士戴着“有色眼镜”作出评判的标准之一而已。笔者向来不太认同如此“势利眼”的认知和评判。所谓“闻道有先后，术业有专攻”，难道年长者就一定比年幼者专业、敬业？“出道早”就一定专业、一定高明、一定优秀？那些拥有光环或头衔的人就一定优于未获得者吗？

其实，无论涉世深浅，出道早晚，还是头衔多寡，光环耀眼与否，并不必然成为区分或评判律师优劣好坏的标准。

律师不应只徒有虚名，需具备系统的法学素养、精湛的专业水准、独立的思辨精神、解决实务的能力，以及真切运用个人专业学问等综合能力帮助当事人。尤其是人品与专业两者择一时，更应以人品

为上，坚守做人底线，捍卫公平正义的法治精神，为法治建设尽献绵薄之力。

因此，拥有律师执业资格并不一定具备“实质”律师的素养，或满足严格意义的律师条件，更遑论“君子律师”。①

二、律师不应机械应承当事人，当以法律思维创造性解决问题

10 多年前，一位同事分享了其当事人对律师“过分期望”的事情。话说某律师受聘为某公司法律顾问，此后该公司实际控制人便当然认为，公司全部事务都托付给了这位律师，也认为公司的发展好坏同法律顾问是否尽心尽力相关。言下之意，如果公司没有发展好，就表明法律顾问不得力，没有尽职尽责。

该公司实际控制人误以为律师是无所不能的，只要请了律师为法律顾问，就能保证公司长远发展。如果律师真有这样的本事，何须从事律师职业？不过，抱有这样认知的当事人，也为数不少。

律师不是救世主，而是法律工作者，一名律师执业者而已。只是，高明的律师懂得从事律师业务的道，会艺术地运用法律知识，深谙文化的巧思妙用，善于将己方的利益追求藏而不露，潜谋于

① 子谓子夏曰，汝为君子儒，无为小人儒。[参见钱穆：《论语新解》(新校本)，九州出版社 2011 年版，第 139 页。] 此处，借用孔夫子的话，将律师也分为君子律师和小人律师。两者的区分无非是君子律师唯“道”，小人律师求“术”；君子律师弘“义”，小人律师图“利”；君子律师复“礼”，小人律师坏规矩。

无形而已。

一位称职的律师不只是法律的搬运工，而是法律匠人，也因个体的经历、阅历及擅长的事务，使其在某些领域或处理问题的能力颇具“通才”的一面。换言之，除具备法律专业知识外，还需对所专攻的法律行业或领域有所观察、思考并有较为理性的认知。

此外，因所见所闻与所处理的案例较多，一位称职的律师往往擅长举一反三，或娴熟运用草船借箭等三十六计策略，通过艺术性思维分析、处理当事人事务。

一位称职的律师不因当事人的喜好而无原则地迎合，甚至怂恿当事人作出错误的决定。当事人毕竟不是法律专业人士，所经历的法律事务亦有限，因此，在当事人所追求的商业模式设计需要法律保障时，律师必须运用法律精神、职业操守、专业知识及相关实务经验等系统知识，辅佐当事人进行合法合情合理的酌定，而不能随当事人意志逐流。尤其针对较为新颖的商业运作模式，法律法规没有明确规定的“空白地带”“灰色空间”，更需要律师用法学理论以及法律的系统知识，依靠自身的前瞻性判断等综合学问，根据现有法律法规、案例情形，有限度地运用创造性思维促成当事人委托之事，但前提是依法合规维护当事人人身、财产安全，追求当事人利益最大化。

三、律师是抱有公正情怀的天使

有人说，律师应将具有专业知识的匠人、通晓义利之辩的商人及刚柔相济、匪气十足的戾气之徒等的特质融为一体，才配称为真正意义上的律师。

笔者不太苟同这样的观点。近些年，笔者常常听到有些当事人质问某些律所究竟是以律师业务为主，还是以商业运作为主？一开始，笔者也没有过多关注当事人的质疑，后来渐渐听多了，发现行业内的一些律所运作模式和内部的管理确实越来越偏离律师行业，越来越偏重商业模式或偏重“商业运作”，也就不难理解那些当事人的忧虑和质疑了。

律师并非商人，不是“见利思迁”“重利轻别离”的职业群体。如果纯粹或一味追求利益，就不应选择律师职业。律师职业亦不是发财致富的职业，律师职业是注重独立人格修炼、自由思想塑造的，经得起良心拷问的职业。正如耶鲁法学院所定义的，律师不仅是为私人和公司提供法律专业知识服务的人，也是政策制定者，是政治家，是社会的改革者。①

总之，律师不能陷于“商人身份”而不能超脱，不能囿于“商人

① 参见刘桂明:《技巧与品德，律师该如何来选择？》，载微信公众号“桂客留言”，2018 年 4 月 24 日。

利益”而驻足不前，不能念念不忘利益的诱惑而不顾对公平正义的捍卫。

律师更不是戾气之徒。律师并非当事人的保镖，更不是坑蒙拐骗的吆喝者。

笔者从业之初便坚定了“专业才是律师安身立命之本”的理念。律师职业自然应以专业为中心，尽量避免各种所谓技巧的花拳绣腿。恰如哈罗德·H. 柯院长在演讲中告诫法学院学生们一样，永远别让你的技巧胜过你的品德。在接下来的几年里，你们的技巧将突飞猛进，但千万要记住让你们的品德走在前面。律师就应以专业为当事人排忧解难，以专业为当事人构筑风险控制系统，以专业为当事人捍卫神圣权利。

四、律师不在于仿菩萨泥塑，而在于是否上道

不少法律人选择做律师，或多或少受到欧美或港片中律师在法庭上侃侃而谈、挥洒自如场面的影响。自选择律师业之日起，内心便驻扎着“神话级律师”形象。但理想与现实终究是两个世界，这样的心里暗示或希冀促使不少律师追求“木偶”式崇拜。

人人心中有一偶像，而这位偶像反映了个体内心的需求。真善美慧的偶像自然将引领个体朝着真善美慧的方向追求。

当然，不少人因所崇拜的偶像过于“高大上”，终究只能“高

山仰止，景行行止”。民众对偶像过于崇拜其实也是危险的，因不少人所崇拜的“偶像”并非积极向上的，从而导致走向罪恶的深渊。

律师个体亦如此，不同风格的“指导律师”对实习律师或学徒律师的风格，甚至品格的塑造起到潜移默化的影响，毫无限制的崇拜将影响实习律师或学徒律师职业品格和形象的塑造。但这些都不是最为紧要的，关键在于律师不是如仿造菩萨泥塑，而是需要有血有肉的自我匍匐前进。

回顾这些年的律师生涯，笔者认为，成为一名合格的律师，需要做到以下几点。

第一，具备高度的自律性。不少律师认为，律师是自由职业。这样的认识固然没错，但绝大多数人会将自由界定为无拘无束的“自我放纵”，尤其律所对律师管理相对松散或放任时，不少年轻律师就放松了对自己的约束。长此以往，个人专业能力势必会日趋下降，重者则严重影响个人处理事务的及时性，进而影响对客户事务的处理，降低客户的获得感。

第二，具备持续的学习力。随着我国法律法规的不断制定或修订颁布，司法解释或裁判规则不断调整，以及当事人所需处理事务的日趋复杂等原因，客观上也要求律师不断学习，保持持续的学习力。否则，很难处理不断出现的新问题、新情况。

第三，锚定良善的服务宗旨。律师应当站在当事人的立场上，以追求当事人利益最大化为目标。在具体提供服务的过程中，一要理性，二要角色贴位，三要以“和为贵”为指导思想化解矛盾或纠纷。既要以追求当事人利益最大化为要务，又要运用合情合理的中庸思维糅合争议各方，寻求解决问题的平衡点，让争议各方在握手言和之中妥善解决问题或矛盾。切记，律师不是火上浇油，推波助澜，而是解除各方成见、消除误解、化干戈为玉帛的“助推器”。

第四，具备成长性思维。律师需避免固定性思维，不断培养成长性思维。固定性思维较为看重结果，不就过程等进行探索或琢磨，回避困难、缺乏自我挑战；成长性思维不仅关注结果，更注重探索过程，善于应对挑战和积极思考更好地解决问题的途径。做律师久了，容易陷入固定性思维，因循守旧、按部就班，缺乏质疑、挑战及创造性，这势必影响法律事务的有效处理。对于律师职业群体，更需要成长性思维，为当事人利益求新求变、上下求索维权路径或解决方案。

一言以蔽之，即老祖宗所说“君子不器”的道理。作为律师，须不断刻意练习、自我挑战、自我超越并力求完美。

总之，我国律师行业需不断涌现如刘桂明先生所说的“君子律师”。[①] 律师在任何条件下，都应以捍卫法律公平正义为核心，以当事人的正当权益为中心，以追求当事人最大化利益为重任，兼顾传统的“中庸文化”，将矛盾或纠纷化为无形，此为从业之道。

---

① “所谓君子律师，应当是那些具有长远的眼光、有广阔的视野、包容的胸怀的律师；是那些能够不争一时之输赢，不计一时之得失，不论案件之大小，不想收费之多少，不看客户之高下，不问背景之优劣的律师；是那些敢于挑战体制之弊端，敢于挑战权贵之陋习，为国家利益而考量，为庶民众生而忧虑，为未来明天而思考的律师；是那些为职业责任而锱铢必较，为民生利益而斤斤计较，为法律尊严而视为己命的律师；是那些能够说真话、办实事，不急功近利、不大包大揽的律师；是那些满怀公平正义，满腹法律智慧、满腔社会良心的律师；是那些穷则独善其身，达则兼济天下，不见钱眼开，不见利忘义的律师；是那些勇担社会公益重任，勇挑法律卫士使命的律师；是那些想当事人之所想，言当事人之所言，急当事人之所急，忧当事人之所忧的律师……概而言之，就是知道自己应该为谁服务、怎样为谁服务，知道自己的人生价值、专业特长是什么，知道自己应该为他人、为行业、为社会、为国家做什么和不做什么的律师。”

刘桂明：《技巧与品德，律师该如何来选择？》，载微信公众号“桂客留言”，2018 年 4 月 24 日。

篇二

年轻律师怎样避免这些“常见病”①
——与年轻律师谈心

笔者从业以来，思考从未间断，常琢磨律师职业的相关问题。尤其近些年，特别关注年轻律师学习、成长及发展等问题。虽然笔者的体会感悟免不了视野狭隘、角度局限，但所谓“他山之石，可以攻玉”，期望敝帚自珍的些许想法可资年轻律师借鉴与参考。

常常有年轻律师问笔者，为什么做了几年律师，还是没有找到感觉，怎样才能获得更好的发展等问题。事实上，关于年轻律师的学习、成长及发展等问题，还没有统一的标准答案，因个体差异，经历与阅历不一，所面临的具体问题也是不一样的。因此，最有效的方式，还是孔夫子的“因材施教”最为科学。只是此处，据笔者的日常观察，还是有些共性问题，借此，谈谈年轻律师免不了的一些

---

① 参见李承蔚:《年轻律师怎样避免这些“常见病”》，载微信公众号“方圆”，2017年8月29日。

“常见病”。

一、浮躁：执业的多动症

不仅年轻律师免不了“浮躁”，整个社会无处不显现“浮躁”之情绪。这或许与科技信息化、竞争白热化及急功近利的思想意识，好吃懒做、拿来主义等惰性思维不无关系。

笔者亲眼所见不少年轻律师接手案件后，不是先了解案情、掌握案件客观情况、研究类似案件裁判思路、查阅相关法律法规，而是动辄张口向周围的律师询问解决之道。

诚然，每位律师都希望以个人的专业知识帮助到周遭的人。可在提供服务过程中，想寻求到解决个案的最优方案或最佳路径，却不想付出辛勤劳动的想法或做法，其结果自然是有百害而无一利的。

如果一味抱着惰性思维，想通过咨询同行律师寻求解决案件的最佳答案，此种坐享其成的想法必然于个人的成长不利。这样的做法不仅不能养成良好的法律人思维，还会渐渐降低个人学习的能力和解决问题的能力。久而久之，形成办案依赖症，遇案不思考，涉事不推敲。这样的做法也势必会给当事人带来诸多不确定性，具有潜在伤害性，对自身亦是极度不负责任，会助长自己的依赖症和惰性情绪、思维。

还有些实习律师或年轻律师接手案件时，巴不得主办律师将案件分析透彻，形成最终维权方案，而后只需充当打字员角色，按部就班形成相关文书了事。还有的是将此前类似案件文书加以简单套用，结果常常校对不严，导致错误不少，要么张冠李戴，要么前言不搭后语或牛头不对马嘴等。

还有的年轻律师，不太喜欢琢磨，亦不喜欢通盘全面地审视、论证案件。原本有数种方案或路径维权的，最终却选择了非最佳的一种方案或途径，从而导致案件维权艰难，造成得不偿失的后果。

除此之外，还有不少律师频繁犯低级错误，比如遗失或丢失当事人的材料，或错过一些关键材料或程序时间等。

当然，还有不少其他令人痛心的现象。这些或许均可归于浮躁的具体表现。人一旦处于浮躁之中，自然难以心平气和，静心凝气地学习、积累专业知识或者潜心钻研专业问题。

在此，笔者希望律师们能减少浮躁之气，潜下心来，着力于个人专业的“一亩三分地”。踏踏实实耕耘，方有机会如《三国演义》中躬耕南阳的卧龙诸葛孔明那样闻达于诸侯。在刘备三顾茅庐时，作出流芳千古的“联吴拒曹三分天下”《隆中对》，这都得力于诸葛先生平时持续精进饱读经世致用之书，修炼洞察世事于秋毫的能力。

二、自负：执业的认知失调

自信固然好，倘若不能把握好尺度，由自信滑向自负，便适得其反，贻害无穷。

年轻律师有着“初生牛犊不怕虎”的勇气着实可嘉，但往往缺乏胆识或易于激动急躁。即，不少年轻律师或许有张飞之勇，却没有诸葛孔明之谋。《三国演义》中关羽之所以大意失荆州、败走麦城，最终丧命于东吴，这与其刚愎自用不无关系。如果他能听从谋士之建议，自然是可以避免的。

道理或许每个人都明白，一旦付诸实际行动却难以分清“自信”与“自负”的界限，常常将“自负”当成了“自信”或“自信”过度，导致“一着不慎，满盘皆输”的结局。

比如，在不少案件的庭审中，出现了明显错列主体的情形（当然，此处不质疑那些基于技巧，在列主体的时候往往“多多益善”，避免挂一漏万，或利用庭审中各方主体相互“掐架”利于庭审查明案情，或在归责时，有更多主体承担责任，利于权益的最终实现等做法）；或者案由、法律关系不清；又或者过于乐观，而没有调取或收集核心、关键证据等。

所以，自信固然是成长的阳光剂，但如果自信过度，会适得其反，犹如柏拉图笔下的“洞穴理论”所揭示的，一旦逃出洞穴，见到强烈的阳光时，反而愈加不知真相。

三、虚心好问：成长的营养供给

作为律师，少了浮躁，有了自信，还得虚心求教，乐于向专业人士或前辈讨教。《三国演义》中诸葛孔明出祁山，派马谡镇守街亭，结果因其自负于“纸上谈兵”，导致街亭丢失。

作为年轻律师，由于法律理解的不深，现实操作的陌生，技巧掌握和运用的缺乏，往往难以驾驭个案。正因为如此，年轻律师更有必要放低身段，向同行求教，与同行沟通、讨论，多听取他人意见。如果有条件，最好能邀约律所或同行专业律师进行“法庭模拟”，以此解剖案件，找准争议焦点，寻求解决的方式方法。必要时，还可邀请当事人一起参加，共同参与，将案件事实、法律适用“翻个底朝天”，全方面论证，形成严密的法律方案。

俗话说，骄傲使人落后，谦虚使人进步。律师职业尤甚。不少案件看似简单，但真正严肃推敲、琢磨起来，其间往往大有学问，令人脑洞大开，会获得意想不到的效果。

四、细致入微：进步的捷径

大家都知道，细节决定成败。可真正能一以贯之的并不多见！

不仅律师行业，所有行业无不要求“细致入微”，否则，定然出乱子。虽说“世上无难事，只怕有心人”。可世上无难事的前提是做一个“有心人”。这个“有心人”就是要做到细致入微、一丝不苟，否则，处处有“难事”，事事将“难为”。

律师不亚于自然科学领域那些置身于“实验室”的研究员。稍有不慎，必将惹祸上身，不但可能误了当事人之事，还可能误了自身的事业。无论是对刑事案件的洞察秋毫以寻求突破口，还是对民事案件的牵一发而动全身，均需要通盘统筹、酌定策略。

不少案件，仅一个细节、一份证据便决定了整个案件的走向。好比《三国演义》中，诸葛孔明出祁山，与司马懿过招，只要一步走差，绸缪不精，略有破绽，便会影响整个计划。足见，律师业务需要高度严谨、细致周全的思维。

每桩法律事务必有其独特和别致的地方。如果大而化之，采取拿来主义，直接套用他案的思维或做法，难免“淮南为橘、淮北为枳”。

因此，在办理案件或提供法律服务过程中，需要有科学家的眼光，明察秋毫之末，揪出蛛丝马迹，寻求最佳的解决方案。因为利他利己，善莫大焉。

五、反思与进取：职业康泰的一剂良药

任何职业都需要自我批判，自我反思。律师职业更不例外。

曾子曰：“吾日三省吾身：为人谋而不忠乎？与朋友交而不信乎？传不习乎？”这对当下世人依然是警示。

随着物质的丰裕，人往往为物所累，物反过来规定着人。物往往

成为了人行为的“指挥棒”。在这样的境况下，人哪来的“静以修身，俭以养德”，全为欲望肉身所指挥。但正是处于这样的人世，更需要有反思精神，更需要有自我批判的精神。

反思犹如一面镜子，通过反思行动，方能反观自己。端详个体五官，洞察个体内心，去伪存真，存善除恶，祛魅除惑。若希望个体健康稳健成长，需养成每日反思观照的习惯，究竟有无“忠人之事”？究竟有无诚信待人？究竟有无潜心研究，持续精进学习？唯有如此兢兢业业，持之以恒，方能进步向前，提升业务能力。

古人说，见贤思齐焉，见不贤而内自省也。不仅要自我反观，也需要见贤思齐，以人为镜，以人为鉴，如此才能更有收获。

做律师，不是一时冲动、心血来潮就可以圆梦；做律师，不是人云亦云、邯郸学步就可以逍遥自在；做律师，不是空立志不践行，来个黄粱美梦就可以万事大吉！做律师，需有务实态度，战战兢兢、虚怀若谷、锲而不舍、持之以恒、时刻反思，方能持续精进、空谷传音！

篇

三

对案件[1]来者不拒？这三大忌讳你要了解[2]

案件对律师，犹如水对鱼般重要。若律师没有案件时常“比划比划”，就好比金庸笔下的独孤求败，纵横江湖三十余载，杀尽仇寇，败尽英雄，天下更无敌手，无可奈何，唯隐居深谷，以雕为友。呜呼，生平求一敌手而不可得，诚寂寥难堪也。

我们都知道，英雄无用武之地是最悲哀、最凄苦的一件事！作为律师（当然，此处仅限于职业或执业属性而言，不包含律师参与其他公共事务），唯有案件才是律师的“用武之地”。因此，律师对案件是来者不拒，还是有所甄别选择就显得尤为重要了。

① 此处案件采取广义，包括诉讼与非诉讼两个方面。

② 拙文载《方圆律政》2017 年第 6 期。

一、初涉者忌“韩信点兵，多多益善”

“韩信点兵，多多益善”来自西汉·司马迁《史记·淮阴侯列传》。上问曰：“如我，能将几何？”信曰：“陛下不过能将十万。”上曰：“于君何如？”曰：“臣多多而益善尔。”意思是说，韩信统率兵马，越多越好。这是古人对韩信统率兵马才干的赞誉，现代多用来形容数量越多越好。作为初涉律师行业的同人而言，为了解决生存问题，多半是期望案件越多越好（不过，现实往往难遂人愿）。

当然，这和人品高下没有因果关系，而是“专业度”作祟。在法治开明的当下，当事人逐渐理性消费律师服务。所面对的律师是“小鲜肉”还是“干巴肉”，对当事人而言，一望便知。因此，若没有专业作为支撑或后盾，通常是难以征服当事人，获得案源的。

无论如何，专业才是律师职业的安身立命之本，是良性竞争的“不二法门”，是律师开疆拓土的根本。

无论初涉者，还是久经沙场的老律师，立足专业自然是首要的。从长远来看，抛开律师的人品、风格等，律师的是非成败主要囿于专业方面。既然成熟律师都无法绕开专业的锻造，作为初涉者，自然需要举洪荒之力而为之。

如是，因初涉者专业定位定性不太明确，也不太牢固，如果一味贪多，自然难以把握和驾驭。

所以，笔者建议初涉者每面临一桩案件，尽可能调动所有的知识，既从现实的条文、法理，也从既有的类似判例出发，将所涉法规和判例弄懂、吃透，反复推敲、琢磨，如庖丁解牛，找到“精髓”与精准“技法”，举一反三。只有这样才能渐进成长，触类旁通。相反，若像“狗熊掰苞谷”，难有所成。

依笔者近20年的执业经验可知，初涉者对案件，好比小孩对饮食，不要贪多，也不要挑食。少吃多餐，粗粮、细粮搭配，这样才有助于成长，有利于健康。

二、成长者忌“为富不仁”

“为富不仁”来自《孟子·滕文公上》。“为富不仁矣，为仁不富矣”意思是说，剥削者为了发财致富，心狠手辣，没有一点儿仁慈的心肠。此处借用，提醒成长中的律师同人，不能将律师职业作为发财致富的手段。事实上，多数律师是不能靠职业而发财致富的，更应在于心性修炼！

不同的当事人、不同的案源所带来的收益自然有别。在社会主义市场经济大环境下，甄别选择是最自然不过的事情。作为律师，难免会从个人得失角度进行选择，这也符合“食色性也”的人性。但我们需要守护正义，抛开功利和私欲去选择。不少律师为了追求过多、过巨的利益，不顾行业的职业伦理，不屑职业操守，不惜戳穿做人的底线。这些做法，向来是为人所不齿的。做律师一味被利益左右，没有原则，无视底线，是断然不可的。

律师职业不能简单归结为“做生意”，不能庸俗化为“唯利是图”的手段。律师职业更需要担当与坚守，更需要眼界与格局。虽有俗话说“有钱能使鬼推磨”，但作为律师，作为法律的践行者，需恪守法律的公平正义，需经受住道德良心的拷问，切忌被金钱所奴役。

三、功成者忌“为虎作伥”

“为虎作伥”来自《太平广记》卷四百三十：“伥鬼，被虎所食之人也，为虎前呵道耳。”其中“伥”为“伥鬼”。旧时迷信，认为被老虎咬死的人，他的鬼魂又帮助老虎伤人，称为伥鬼。比喻帮助恶人作恶，帮坏人干坏事，帮凶。此处所提及，源于不少外界人士对律师为“坏人”辩护，替“坏人”求情不太理解，甚至存在重大误解。

社会上有相当一部分人觉得，律师似乎只知道“收人钱财，替人消灾”的生存逻辑，鲜有“替天行道”的行为；亦只知道法律逻辑上的“是非对错”，鲜有社会道德伦理的“真善美仁”……

作为普罗大众，持这样的想法在情理之中，亦情有可原。至于法律的形而上价值和功能，与形而下的“器”，普通老百姓毕竟知之甚少，甚至原本就误解太深。当然，在律师群体中，也不免存在“为虎作伥”的现象，否则，老百姓也不会平白无故“空穴来风”。

因此，如果案源本身颠倒黑白，背离社会伦理与底线，此时，律师需要揣着担当精神进行批判选择。当然，并非说不能接该案件，只是更希望接手案件的律师，能够通过自己的代理行为引导当事人“走正道”“护底线”“导方向”，从而化解社会矛盾。

当然，这和律师凭借专业知识，晓理动情为当事人争取权益不可相提并论。因为，如果律师一味陷于道义以及善恶美丑的伦理观念，便偏离了法律以及法律所追求的公平正义目标。律师可以在不故意触碰或挑衅社会普遍价值的前提下，运用个人的专业知识，为当事人找到追求利益最大化的路径。虽然从结果上，不一定能得到大众的认可，但对法律的诠释、理解、运用却是合乎其自身逻辑和规律的，也是无可指责或者非议的。

此处，需要警醒那些为了追求不正当利益或虽为正当利益却通过违背良心道德，甚至背离法律规制，通过虚拟、巧构等无中生有的方式颠倒黑白，将是非错位的做法，应避而远之，不可侥幸而为。

对出道成熟的律师同人，不应受制于“吃饱穿暖”，也不应该窠臼于求利为名，而是需要一份担当，一份坚守，一种眼界，一种格局！

律师职业，从小处而言，关乎当事人的权益，律师个人的利益得失；从大处而言，关乎国家的法治进程，关乎国家的文明程度。

因此，无论处于哪个阶段的律师，所应做的就是以事实说话，以法律、法理作为“斗争”或“争斗”的武器或捍卫公平正义的利器。

篇四

律师成长的三重境界，你到了哪层

什么是大丈夫?《孟子·滕文公下》说:“富贵不能淫，贫贱不能移，威武不能屈，此之谓大丈夫。”那为什么要做“大丈夫”?“大丈夫”对我们来说，有什么好处?通常认为,“大丈夫”是对“有志气、有节操、有作为”男子的美称。在此，借用以梳理、探讨律师所需修炼的三重境界，以此共勉。

一、贫贱不能移

作为律师，首要的是坚守住个人的“节”。传统文化中,“节”是个人很可贵的品质，比如《荀子·王霸》中所提到的“士大夫莫不敬节死制”,《汉书·李广苏建传》中所提及的“屈节辱命”等。足见,“节”对一个人的重要性。

我们或多或少有这样的体会或感受，无论从事什么行业，出道时都会面临各种各样的困难，各种复杂的时局。大多数人都是凡夫俗子，没有过人的背景，越人的优势，就应该本本分分，踏踏实实去做事、去琢磨、去思考。

父母时常对笔者说，没有什么人是一步登天的，没有什么事是一蹴而就的。所谓“千里之行，始于足下”，说的就是“笃行”，谈的就是“务实”。

作为刚出道的法律人，解决生存是第一位的。在这个时候，最容易被“利益”或“金钱”所诱惑。的确，每个人都要吃饭，首要的是解决生存问题，否则，谈何人生，谈何理想。但我们不能打着“理想”的幌子，扛着“人生”的大旗，随心所欲、见利忘义、失节唯利。

律师是一种职业，更是一份担当，一份崇高的使命！律师不仅是法律的诠释者，更是公平正义的“守夜人”。如果律师在利益面前乱了方寸，那法律岂不是会被财富多者“掌控”，律师岂不是会受制于各种“利益”。

因此，无论何时，尤其处于“贫贱”时，律师越是不能失去“气节”“节操”，更需要一份担当与勇气，一份坚守与捍卫。

二、威武不能屈

律师，会面临形形色色的当事人，会接触各式各样的案件。有无赖、有地痞、有豪霸、有强权……无论律师遇到何样的当事人，只要言成理、行得正、走得端、心澄明，就没有什么可以畏惧的，没有什么该屈服的。

10 年前，笔者接手过一起人身损害的案件，对方是地方一霸。在刚接触当事人时，不仅旁人劝阻，而且当事人本人也是信心不足，摇摆不定。如果按世俗的逻辑，多一事不如少一事，反正像这类案件，又谈不上什么收益。如果仅从经济角度来考量，是得不偿失的，所以，明智的做法自然该拒绝。

但作为律师，同情弱者为天性使然。然而，为遭受权益侵害的弱者维权，也是一份责任担当，一种斗争的勇气。最终，笔者说服了当事人，毅然代理了此案。虽然在代理过程中，受到了一些恐吓、一些阻力，但结果还是令人满意的。

所以说做律师，在某些特定情形下，需要有过人的胆识和勇气，需要有坚毅和捍卫正义的磐石之心。

三、富贵不能淫

《论语·里仁》载，子曰："富与贵，是人之所欲也；不以其道得之，不处也。贫与贱，是人之所恶也；不以其道得之，不去也。"《论语·述而》载，子曰："富而可求也，虽执鞭之士，吾亦为之。"子曰："饭疏食，饮水，曲肱而枕之，乐亦在其中矣。不义而富且贵，于我如浮云。"老祖宗寥寥数语已经道明"富"与"贵"于人而言的重要和意义，但若不以道而取，是概然不能坦然接受的。

不过，现实世界往往是人围绕着物质旋转，往往被物规定。如今，有多少人持有“人格即财产”的界定，又有多少人抱有“财产即人格”的低俗衡量。纵然大环境如此，纵然大多数人已无选择，只能随波逐流地活着，对财富，律师亦需要把持，拿捏“分寸”。虽然挟“食色性也”的人性逻辑可以聊以自慰，但毕竟吃饱穿暖并非“遥不可及”，亦非举“洪荒之力”才能获得。

作为律师，吃饱穿暖是轻而易举便能获得的。古人说，衣食足知荣辱，仓廪实知礼节。吃饱穿暖后，总得来点形而上的追求，精神上的诉求，否则岂不落入行尸走肉行伍，与动物何异？富与贵不必攀比，亦不是通过巧取豪夺取得，而是通过静静的努力，通过职业操守赢得，完全可以随心、随性、随缘。

作为快奔50岁的人，笔者经历不少，尤其亲历过不少生死离别。于是，便不会轻易受制于“生死有命，富贵在天”的所谓宿命逻辑，更不会自欺欺人般聊以自慰，而是源于某种超自然的力量，因为人在自然面前并非完全无能为力。事实上，人通过后天的德行、道行的修炼与提升，是完全可以改变“生死有命”的安排！故有人说，活着便是在修行，关键看你是否修正行。道与魔不过是一念之间而已。

总而言之，做好自己，善待周遭，努力修炼，不畏将来，不念过去，过好当下，且行且珍惜，不为外界所惑，不为利益所动，一切顺其自然便好。

篇五

如何成为一名合格的律师

据统计，全国执业律师已经突破 70 万人，甚至更多。所谓人上一百，形形色色，如此庞大的队伍难免良莠不齐。

虽然律师是极具个性且风格迥异的。但无论风格如何差异，个性何等十足，这些都与当事人没有太大关系。作为当事人，尤为关心的是如何才能找到“靠谱”的律师！

问题是，如何才算是“靠谱”的律师？据个人的从业经验，在此做简要分享。

一、做人

（一）人品与为人

俗话说，命由我作，福自己求。人品的优劣好坏，直接影响个人一生的发展。这虽然有些宿命的论调，也充分说明了人品对个体人生事业、生活轨迹具有举足轻重的作用。

当然，人品不是靠装扮出来的，需用一生累积培育逐渐凝结而成。无论是“君子务本”还是“君子求诸己”，首要建立在“人品”基础之上。所谓“皮之不存，毛将焉附”，如果没有过硬的“人品”，其他皆枉然。

笔者做律师近 20 年，遇到的当事人不少，经常有当事人抱怨、指责那些品行不端的律师，而且还会在个人的人际圈中进行有意或无意的封杀（当然，不排除个别当事人的某些情绪性的表达，甚至报复）。

在人品与能力之间，更多人宁愿选择可靠的人品，也不愿意选择专业过硬但人品有瑕疵的人。对此，社会已有共识，如果人品不好，专业过硬的，不仅不会为当事人带来实惠，可能会导致当事人的权益万劫不复。这或许就是不少当事人误解的，律师“既吃原告，又吃被告”的现象。

缘此，对当事人而言，选择人品是否靠得住，自然是首要考察的标准。自从业以来，不少对方当事人在事后的法律事务中，仍然反过来聘请笔者作为代理律师。或许，这也是坚守底线的犒劳吧。

最近，笔者接手的几起案件，当事人事后透露，在选择笔者之前，早就“货比无数家”，当然笔者并不是“货”，但这足以见得当事人的选择有多慎重。最后经过几轮沟通、反复权衡，才作出决定，选择笔者。

对当事人来说，要识别一个律师人品高下，并非一两次的晤面就能断定的，但一个人的“品质”常在日常生活、工作场景中，自然敞开且次第表现出来。

对阅人无数的当事人来讲，多少都可以从律师个体的某些细枝末节中看出端倪，从而进行“是非曲直”的判定。

因此，做人是一辈子的事儿！人品过硬，做人方为成功；做人成功了，才有助于事业的成功。

（二）所欲与施人

《论语·颜渊》云：“己所不欲，勿施于人。”意思是说，自己不喜欢的，就不要强加于人。[①] 话说起来容易，理解不难，但严格践行或许就不那么容易了，真正能做到的更是寥若晨星！

生活中，人们常常情不自禁地将个人的“喜好”“是非”观念强加于人。有的甚至打着“为他好”的幌子，巧言“干预”“蛊惑”“误导”他人，致使他人遭受不同程度的损失。

当然，这些人之所以选择前述的做法，并非都是“打个人的如意算盘”，也不排除“损人不利己”的嫌疑。

无论是普通人还是职业人，努力做到“己所不欲，勿施于人”是起码的要求。所需注意的是，此处并非便可推导出“己所欲，便施于人”。

---

① 参见杨伯峻译注：《论语译注》，中华书局 1980 年版，第 123 ~ 124 页。

人与人的性情、境遇、偏好各不相同，我们不能因个人的“所欲”便强加于人。据笔者这些年执业的经验，国人常常以“和为贵”，为“为人处世”圭臬。因此，无论在诉讼业务还是非诉讼业务中，力求兼顾“化干戈为玉帛”和追求当事人利益最大化，自然为当事人所喜闻乐见。

总之，作为律师，千万不可仅仅按个人的“欲”或“不欲”，缘木求鱼般揣测当事人的“欲”与“不欲”。

（三）换位与着想

我们都懂得“换位思考”“替他人着想”的道理，可真正践行并非易事。

《庄子·秋水》中有这么一段话，庄子与惠子游于濠梁之上。庄子曰：“儵鱼出游从容，是鱼之乐也。”惠子曰：“子非鱼，安知鱼之乐？”庄子曰：“子非我，安知我不知鱼之乐？”惠子曰：“我非子，固不知子矣；子固非鱼也，子之不知鱼之乐，全矣。”庄子曰：“请循其本。子曰‘汝安知鱼乐’云者，既已知吾知之而问我。我知之濠上也。”① 虽然这段对话不能完全用来诠释主题，但多少可以印证“换位思考”“替他人着想”的可能。

这种“换位思考”“替他人着想”与“己所欲”显然不同。“己所

① 《老子·庄子·列子》，岳麓书社 1989 年版，第 71 页。

欲”是以“己”为出发点，“换位思考”“替他人着想”是以“他人”为出发点。所以，不同的出发点，所导出的“所欲”不全然相同。

作为律师，因当事人委托事务时，不一定将事实完全“和盘托出”（笔者按：这里有诸多因素，并非一味是当事人为了一己私利有意隐瞒）。因此，律师不能据已知事实进行唯一判断，还需根据现有事实尽可能和当事人进行利弊沟通，获取更多信息，以提供契合法律事务客观的“处方”，从而获得不失公允之“良方”。

因此，律师在处理法律实务时，要尽可能站在当事人的立场，这样才能更好地理解、把握当事人的所思所想、所愿所望。

（四）自吹与尺度

在广告行业大行其道的当下，任何行业都无法囿于“酒香不怕巷子深”的老套路径，仅津津乐道自己的“酒香”，而不问是否“当道”，是否“为人所知”，是不行的！

律师行业也不例外。试想，全国现有 70 多万名律师，总免不了推销的势头。更何况，当下的任何人都处于自我营销的大时代，谁也不甘在这样的境况下落伍。

营销并非如孩子吹肥皂泡一样毫无顾忌地闹着玩。营销是自我呈现的一种手段，一种将过往的，更多的是将专业上的业绩、个人的专业见解、团队的优势、律所的平台价值等进行较为客观的陈述，以期能“给力”到当事人欲处理的法律事务中，从而赢得当事人（在选择律师时）的认同感。

因营销有赢得业务“抓手”的作用，律师在营销时往往“八仙过海，各显神通”。有的自然“太过”，甚至做出“拍胸脯”的举动，以达到“蛊惑”当事人吃“定心丸”的作用！

我们说，自信固然是一种资本，但毫无根据的“自信”就是一种陷阱，一颗毒丸。

作为法律人，最为熟悉的莫过于“以事实为依据”的行业术语。因此，如果律师在自我营销的时候，太过于偏离这个“事实”，渐行渐远于自身“客观”，谁又敢相信在处理法律事务的时候，他（她）就能回到“以事实为依据，以法律为准绳”的轨道上呢？

事实上，过于吹嘘的把戏在大多数客户面前，是容易被识别和戳穿的。试想，孙悟空那么机灵，何等能耐，都逃不过二郎神的眼睛，何况俗世的你我！

因此，笔者希望律师服务行为应与社会上大多商业行为相区分。毕竟我们提供的服务涉及他人身家性命或巨额财富，或利益攸关的权益等，这些来不得半点儿糊弄。

（五）守时与效率

谁都知道“时间就是金钱”的道理。遗憾的是，正如人人都知道阳光、空气的重要性，却在现实里频频忽视其存在。

“时间”被赋予的意义越来越丰富，不仅体现在财富的“量度”方面，更体现在彼此的尊重层面。一旦与客户约好时间，除非迫不得已，务必提前，至少准时抵达，避免影响他人的既有安排或计划。

很多人在“守时”方面是吃过不少苦头，受了不少教训的。笔者此前因故也偶尔迟到，但常常会因此懊恼很长一段时间。这不仅是“迟到”本身，更是暴露了个人修养、尊重他人的人文精神不足。

不少当事人曾向笔者分享，一旦律师常常不守时，无论你多么优秀，合作的机会往往失之交臂。笔者周边不少朋友都很守时，有的是因为已经吃过亏，有的是一开始就注重守时的礼节。

除了“守时”，我们在准备相关的材料或处理事务时，应尽可能在既定计划前完成，或提前处理好相关事务。根据笔者从业这些年的经验可知，最好提前完成当事人交办的事务，然后引导当事人推进相关事务，而不能让当事人成为我们的“督工”，更不能“拖”当事人后腿。

二、做事

（一）专业与敬业

这些年，我们逐渐意识到了职业精神、工匠精神的重要性。这是基于近些年来不少行业屡屡暴露出各种令人惊愕、发指的现象，由此引发国民自觉审视、思考以及行业发展内在需求所致。

律师之间见长于专业。随着市场精细化的需求越来越旺盛，专业化的要求自然越来越高，此前“万金油”式的律师渐渐意识到了业务发展的危机。同时，基于法律门类的繁多，法律法规的日新月异，当事人的法律事务纷繁复杂，要求越来越高等因素，也倒逼律师专业化的发展。①

律师专业化渐渐为人所知，律师的专业化建设亦势在必行，事实上，不少同人早已“行动”。如果说律师职业的专业化是一种力量，那么“敬业”就是一种态度，是职业精神的一种体现。

如果只有专业而不敬业，即便提供服务也枉然；如果只有敬业，不专业，服务水平和质量也难以达到当事人的期望。因此，“敬业”就是以锲而不舍的精神，视当事人的事务为己之事，通过“专业”知识的运用，犹如庖丁解牛，找准问题，找到解决问题的最佳方法，从而追求当事人利益最大化。同时，“敬业”反过来又推动“专业”，从而提升专业化水平。

因此，“专业”与“敬业”犹如唇齿关系，两者相辅相成，互相推动。

（二）孤立与联合

记得笔者刚从业时，律师行业刚开始重视团队化建设问题。近 20

① 也有学者或律师提出，律师专业化是伪命题。据笔者求证，此处说的伪命题是指当事人对律师要求是综合的，过于专业化是难以解决当事人的需求或要求的。

年过去了，团队化逐渐改观，总算从观念走向了行动，逐渐发挥其功能与作用。

人类社会的发展并非希望我们彼此孤立无援，而是希望每个个体在社会中建构人与人之间的交际网络并找到属于自己的组织，从而印证“物以类聚，人以群分”的逻辑。

正是源于这种内在诉求，当事人才有了希望律师以其为核心，整日围绕其运转的外在要求。律师抱团是最自然不过的事，只有通过抱团才能“补拙”，才能延长手臂，才能弥补个体经验、精力、能力的不足。

每个人都肩负着建造社会文明的使命与责任，律师亦不例外。作为个体，就仿佛“人”必然选择承担责任的“一”便成为“大”，但只是个体的“大”还不足以在风云变幻、深不可测、浩渺无边的自然界面前自恃其功，自以为是。必须甘于屈尊、甘于示弱、甘于隐忍为“太”中的“丶”，以此在自然、社会中，通过彼此借力而后成为“太”。

个体无论如何优秀，时间、精力、经验总是有限的。如此，在服务过程中终究有盲点，如果相互间能形成合力，自然可以弥补个体的不足。

因此，人与人之间需要彼此携手，由个体走向集体，由孤立走向联合，由蒙昧走向文明，从而形成紧密的组合，铁板一块随时服务客户。

（三）务实与务虚

律师职业，立足深究专业自然是首要的，但若死守“一心只读圣贤书”，专注耕耘“一亩三分地”，“两耳不闻窗外事”肯定是行不通的。

律师执业犹如带兵打仗，需虚实结合才最接地气。“务实”是在专业路径上孜孜以求、“上下求索”，“务虚”则是在专业外寻求专业的落脚点和业务的增长空间及开拓领域。

务实与务虚并非一成不变，往往时常转化。无论在诉讼领域，还是非诉讼领域，除了专业知识的作用力外，还需了解该法律事务所属行业，知道该领域的背景知识。否则，是难以深入厘清其间的“是非曲直”的。除解决具体事务外，平时的学习积累也不能完全囿于法律专业知识，还需要结合客户的战略规划和当下需求、个人专业定位及发展方向不断摄取相关门类的知识。此外，还得了解看似无关的国内国际政治、经济、社会、人文等资讯。

被孔夫子所称道的颜回，其最被众人所乐道的便是举一反三，触类旁通之能事。知识多了会形成网状结构，融会贯通，开阔视野，增益思维，拓宽视角。

总之，务实与务虚犹如孪生兄弟，两者均需兼顾，不可偏废。

（四）责任与趣味

责任与趣味是梁启超先生一生所主张的。对此，笔者也深信不疑，这些年也是朝着这个方向努力的。

人生于世，不可不担负责任。于大处，对民族、国家乃至作为世界公民都担负不可推卸的责任；于小处，作为市井小民、家庭成员、职场之人自然也自担其责，尽己责任。

一个人没有责任感，不尽己责，也就失去了存在的正当性和必然性逻辑！作为律师，每经一事，于大，关乎他人的身家性命；于小，关乎他人利益得失。

责任犹如头顶的达摩克利斯之剑，尽责任是解除该剑的利器。律师的责任不仅在于具体处理法律事务中，也在于工作、生活的方方面面。融于人生的点点滴滴，成为人生的行事习惯，从而赢得当事人的认同，令当事人安心。

《论语》开篇便说出人世的欢乐，愉悦。所以，人生若仅有“责任”而无趣味，将是苦闷的。因为人不似机器，只知道听命他人控制和运转。因此，人世非如叔本华所说的那样悲观，人生是可以达到和乐圆融的！

如果能将职业视为事业，视为命根子，那么责任与趣味自然融为一体，熔为一炉，这是最好不过的。如果难有前述的“幸运”，就需要在“尽责任”过程中或过程外，寻求趣味的“一扇窗”，让人生与外界畅通对流，眼观更多风景，降低压力，调节、愉悦身心。

责任与趣味，好比苏醒与睡眠的交替，让生命机体常保活力。当然，两者的交互作用还远不止于此。

三、结语

“靠谱”的标准往往因人而异，但人性往往有共同的一面，有共识的成分。上文不过是笔者就这些年的个人体悟，将与同行、客户交流的些许心得加以简单梳理与总结，期望同人一起行动，增益行业的口碑。

篇六

阅历与学历，究竟孰轻孰重

阅历与学历在某种意义上是孪生兄弟，不分伯仲，难分彼此。如果定要作区分，确实有点人为割裂，过于逻辑主义。作这样的区分犹如清官难断家务事，手心手背都是肉，的确难以决断。

不过，世间总有好事者，喜欢玩弄“生拉活扯”的逻辑游戏。然而人生的轨迹往往又不以个人的意志为鹄，总需要去面对和尝试。

一、相辅相成

其实，阅历与学历是相辅相成的。一个人有了阅历，便拥有了人世的某些经验，自然在工作与生活中不至于“睁眼瞎”，毫无所依，不知所措。

同样，律师一旦有了阅历，于阅历范围内的法律事务，自然手到擒来，毫不费力。即便缺乏专业的深度，也能就该法律事务所体现的各种问题，找准风险“痛点”，抑或如庖丁解牛般，精于其技的奥秘自不待言。如此一来，自然容易找到解决问题的“关键”。

至于专业的深度不够，“学历”尚浅，或暂时有所缺乏的话，并不足以妨碍通过个案研究、提升及融会贯通，从而修成“正果”。在此，学历至少充当了加速器的作用。

从这个意义上来说，阅历是基础，学历是保障。

二、融为一体

阅历往往是伴随个体生长而自然展开的，也会因个体的差异有所不同，而学历的高下也莫过于此。

在某种意义上，阅历也是一种学历，而学历也是一种阅历。二者你中有我，我中有你，犹如古代才女管道升写给其夫赵孟頫的《我侬词》般缠绵和人格同化的唯美。

所以，在这样的维度上，常常无法区分孰轻孰重！

三、殊途同归

阅历与学历最终都将指向同一个体。阅历不过是个体的综合经历，是个体在社会的大熔炉中历经千锤百炼、千淘万漉逐渐凝结而成的。学历更多体现个体的求学经历，通常以官方颁发证件的方式作为见证，但最终是否学有所成、有所建树还有待检验。

无论阅历如何、学历怎样，两者终究汇流于具体个体。通过个体交汇融通，互为因果，相互促进，推动个体在“阅历”与“学历”的双轨中稳步前行，不至于失之偏颇，失去平衡。

前述固然有道理，但作为律师，就个案的娴熟处理而言，阅历自然见长于学历。阅历好比开启问题这把“锁”的“钥匙”，学历不过是涂抹在这把“钥匙”上的“润滑油”而已。如果学历是荡漾在知识海洋中的一艘船，阅历就是那盏为其导航的航灯。行文至此，孰轻孰重，毋庸赘言。

辑　二

律师的攻与防

篇一

律师，如何避免与对方当事人的冲突①

有人将当下的社会称为“风险社会”。律师在执业过程中，也难免与各方有冲突的可能。对己方当事人，因委托代理关系，相对便于沟通，而对对方当事人，就没有那么容易把握了。正因为如此，笔者也时常自我省思和检讨，总结经验，分享心得，期望对年轻律师有所参考或指引。

一、引子

探讨这样的话题，源于此前聆听了一位退休资深大法官分享的亲身经历。30 多年前，某涉团伙贩毒案被告人家属邀约全村几百户人围堵该法官所供职的法院。

为妥善解决此事件，该法官事前做了非常细致的工作。比如事先

① 参见李承蔚:《律师如何避免与当事人的冲突》，载微信公众号“方圆”，2018 年 3 月 1 日。

疏散院里工作人员，避免人多激化冲突，对该村少数民族的文化、信仰进行较为充分的研究等。

接下来，发生了戏剧性的变化。该法官一开始避其锋芒没有谈案件，而是提议学习他们崇尚的“经”，直接从“诫令”开始。经过这样一番“学习”，不仅表明这位法官尊重村民的信仰，而且还让这些村民明白了贩毒是违背“诫令”的，将会遭到“神”的惩罚……

就这样，原本充满血腥的冲突便化解于无形中，赢得了这些人对法律的敬畏和尊重。

听完该法官的分享，折服于其智慧和胆识，敬佩之情油然而生。律师在执业过程中，遇到冲突是常见的事情。这期间，有些当事人是故意找茬，或素质极低毫无理性。对这部分当事人，大多时候，只有无奈地应承着，事先做好防范措施，或通过示弱方式等予以保全。

二、准备：从预估冲突到阻隔于萌芽

律师犹如消防队员，目标就是绸缪未来和解决当事人的问题。或如诸葛亮到江东舌战群儒般暗自较劲，将所涉事务背后涵摄的各方当事人利益理析清楚。律师在提供服务过程中，必然会触及某些人的奶酪，即便是多赢的局面，也总有人内心是不痛快的。因此，律师在为他人绸缪未来时，也要为自己的安全做好谋划。尤其是在为当事人个案提供法律服务的过程中，需评估个人在提供服务过程中的人身风险，并找出应对措施及处理预案。

笔者刚从业时，随同指导老师代表顾问单位处理一起群体劳资纠纷。若按笔者当时的想法，自然将书本的那套法律逻辑径直拿来，然后不问对方是否听得懂或是否爱听，将那些对他们而言是云里雾里的法律知识，叽里呱啦说出来就好。

可面对情绪特别激动的工人，这位指导老师并没有自以为是地摆谱，而是不紧不慢，满脸微笑招呼各位工人，并邀请他们到会议室坐定喝茶，然后请他们推荐代表到小会议室商谈。

总之，一方面表明他代表公司处理事情的诚意和决心，另一方面让各位工人放心，我们会兼顾工人最大限度权益与公司的合法利益及长远发展。在谈话间，瞅准其中的代表人物，动情晓理，最终妥善解决了纠纷。整个过程，法律只是极小的陪衬。

笔者经常与年轻律师分享，练就法律实务功夫常常在“法外”。[①]虽然听起来不中听，但道理确实如此。试想，律师个人的正常风险都不能有效控制，如何更好地为他人出谋划策，防患于未然。

年轻律师在处理个案时，尤其涉及婚姻、侵权、劳动用工等带有明显冲突成分的法律关系时，因接触的群体素质参差不齐，难免有些人不太讲道理，动辄爆粗动手。律师在办理这些类型案件时，除了反

---

① 得力于西南政法大学前校长付子堂先生的大作《法之理在法外》所赋予的灵感。

复琢磨法律专业问题外，还需多一份心思预判各方的情绪点，一旦触发，及时化解或转化，避免惹祸上身，伤害自己。

笔者曾代理一起人身损害的案件，对方是地方一霸。在接受代理时，不仅同事劝阻笔者不要接受代理，而且当事人也善意提醒对方可能有黑社会背景，需要三思而行。对此，笔者自然不敢大意，事先进行了充分预判、专业准备及措辞锤炼。庭审下来，对方不但不责怪，反而对笔者的专业与敬业精神表达了敬意。

作为律师，尽可能提前掌握更多案件信息，对案件的事后处理自然大有裨益。尤其涉及自然人之间的案件，更需要反复思量其中的冲突风险并寻求解决的出路或方案。做到知己知彼，化风险于无形。

三、表达：由技术转向艺术

在外界人士眼里，法律人常常见长于“表达”。针对某些专业问题，往往在咬文嚼字上见分晓，分高下。因此，律师职业也算得上是将“笔头”和“口头”进行“艺术化”的职业。

（一）止于事实与法律

法律人除情怀和仰望星空外，也算得上是名副其实的“匠人”。作为匠人，就得按匠人标准做人行事，践行匠人精神。

在个案的处理过程中，就事论事，避免激化个人情绪，从而触动、激化对方情绪。

作为律师，应在专业上尽情展示自我，在对抗性强的案件中，避免表演的成分或演绎的花样，否则将弄巧成拙。

（二）管理情绪，避免随波逐流

坏情绪原本就不是“好东西”。笔者也常苦恼坏情绪的作祟。

所谓情绪上来，悦色不在。人们往往因情绪小题大做，故作姿态，一言不合，便大打出手。

律师须保持理性，尤其在个案处理中，切不可如欣赏青春剧般，一不小心便被剧情左右了理性。

笔者曾为顾问单位出庭处理一桩劳动纠纷案件，开庭过程中，对方当事人听不得半点对他不利的事实。否则，便暴跳如雷，气急败坏，满脸一副想吃人的样子。见此状，笔者只能郑重对待，不敢掉以轻心，调整个人情绪，避免将“对事”转化为“对人”的情绪上。同时，将生硬的语气缓和，紧绷的脸部露出友好的信号，在称谓上以礼待之。

俗话说，礼多人不怪。这样一来，自然避开其锋芒，几轮交锋后，对方像泄气的皮球，不好再咄咄逼人，言语中伤了。

（三）语言，保持中性

大多数人都有口头禅。在个案处理过程中，尽量避免带有“辱骂”“不敬”“贬损”“歧视”等口头禅。

曾有一次，笔者在庭审中，说得兴起，不小心说了一句推断性的话语（“不排除贵方与第三人存在串通的嫌疑”），对方突然怒火中烧。见此，笔者如梦方醒，叫苦不迭，追悔莫及。

所以，“话筒控”的律师在开庭时，应避免在滔滔不绝的演说中，得意忘形，不小心说过头，甚至说错话，激怒对方。

（四）随机应变，怡吾色、柔吾声

在交锋过程中，如果不小心激怒对方，需立刻打住，调整话风，见机行事，和颜悦色，转化危机。

笔者曾在某法院开庭，死者村里来了一大帮人，七嘴八舌，蛮横无理，根本不把法庭放在眼里。见状，笔者确也紧张。为了避免冲突，笔者先从情的角度，代表己方当事人表达了歉意和悔意，接下来再重点阐释法理，以此缓和对峙紧张的局面，同时，言明个人职业的迫不得已和立场分化所造成的角色定位等。

语言确实颇有魅力，关键得拿捏好“假话全不说，真话不全说”的艺术。在法庭上，清晰表达观点便好，避免情绪化陈述，若现场不太适合的陈述，不妨搁在《代理词》中来呈现。同时，最好养成“微笑”习惯——当然，得看案件，有些案件微笑适得其反。笔者刚从业时，跟随指导老师一起开庭，对方代理人是西南政法大学的一名女教授，因为是民事案件，她庭风优雅，全程微笑应对，给各方留下了深刻的印象。微笑的力量，言语虽难以说出其各方好处，但至少可以达到“伸手不打笑脸人”的效果。

四、君子三变，相融汇通

《论语·子张》载，子夏曰：“君子有三变：望之俨然，即之也温，听其言也厉。”大致意思是，子夏说：“君子有三变：远看他的样子庄严可怕，接近他又温和可亲，听他说话严厉不苟。”翻译成现代文，就是君子善于随机应变。

有人说，人生如戏。在工作、生活中，就得“入戏”。有时，需强悍；有时，需温软；有时，需豪情万丈；有时，需缠绵柔情；有时，需木讷憨厚；有时，需精明话痨……

总之，每个人都在人世演绎自己的“角色”。律师，当然也得角色贴位。针对不同的人，需要展现不同的风格或凸显匹配的角色。

篇二

如何成为一名不让法官讨厌的律师[①]

不少刚从业的律师常问笔者，如何成为一名不让法官讨厌的律师？对该问题的思考和妥当处理，不仅对刚从业的律师有所增益，也值得每位律师追问和寻求个中“标准”答案。

题眼中已明确提出“不让法官讨厌的律师”，显然针对的是“诉讼律师”。对这样开门见山的问题，最佳应答者应为资深且视律师为法律共同体的法官们。

作为一名律师，笔者显得越俎代庖，或班门弄斧，抑或不自量力。只是，这个问题也苦恼着笔者，且也是笔者一直追问和苦苦探寻的。

加之，时常有人向笔者提及这样的问题，出于礼节，亦出于提问者对笔者频频“投桃”，笔者岂能不识抬举，不来而往以“报李”？因此，也硬着头皮琢磨该问题。职业之故，笔者斗胆猜度法官的想法，

---

① 拙文载《方圆律政》，2018年1月。

试做一番探讨。

首先，笔者坦诚从没历经法官职业，只是仗着从事律师职业时间较长，经历和见闻也不少，以此作为探讨此话题的丁点儿资本。同时，为对提问者负责和慎重起见，笔者也曾请教过前法官、现为律师的同人们，期望从这些前法官的口中淘出点干货，分享给被此话题困扰或想知道答案的同人们。如果能通过这样朴素的探讨，洞悉律师在诉讼中的“作为空间”与“不作为边界”，笔者认为，对法律职业共同体的构建势必有所裨益。

一、法律共同体：是理想，还是虚妄

通过搜狗百科、百度百科搜索，笔者获知法律共同体指在对法律事业团体性的研究中，由法官、检察官、律师以及法学家等组成的法律职业群体。群体成员间相互作用、相互联系、相互制约，从而形成一个没有疆域的法律事业共同体、解释共同体以及协作共同体。① 姑且不论这样的定义是否科学合理或权威，让我们一起梳理一下“法律共同体”的由来和现状。

据考证，“法律共同体”的提法源于北京大学法治研究中心主任强世功教授，其在10多年前撰写的《法律共同体宣言》一文中首次提出“法律共同体”的概念，文中号召“所有的法律人，团结起来”，

① 其实法律共同体是否能够构建、有无构建的基础等越来越引起质疑和探索。

成长为一个统一的法律共同体，通过法律来实现社会正义，最终走向法治与民主的文明之路。[①]

不管人们喜不喜欢，无不怀着矛盾的心态接近“这些出没在公司、饭店、宴会、酒席上的律师，这些活跃在课堂、讲坛、媒体上的法学家以及那些深居简出的法官，这些人正在不断地聚集起来，形成一个独特的共同体，那就是我们这个时代最伟大共同体——法律共同体（legal community），这些人我们概括地称为‘法律人’（lawyers）”。[②]

对于强世功教授所追求的“法律共同体”究竟建造得如何？对此，王健持有保守态度。“然而，15 年过去了，‘统一’的法律共同体并未出现。相反，共同体内部出现了‘分裂’的态势：律师为检察官所指责，甚至招来牢狱之灾；法官被律师‘死磕’；律师互相攻讦；个别法学教授在金钱驱使下，违背法律良心提供‘法律意见’。体制内的司法官员抱怨收入微薄，体制外的律师羡慕体制内的司法官员大权在握。”

对这样的现象，“强世功认为，法律人职业共同体的分裂有多方面原因，既有角色定位分歧，也有知识传统的分歧”。[③]

---

① 参见王健：《强世功再论“法律共同体”》，载《人民法院报》2016 年 4 月 24 日，第 8 版。

② 强世功：《法律共同体宣言》，载《中外法学》2001 年第 3 期。

③ 王健：《强世功再论“法律共同体”》，载《人民法院报》2016 年 4 月 24 日，第 8 版。

王健进一步说，“法律职业内部的严重分化，法官、律师、检察官、法学教授之间的隔阂，让强世功注意到，在强调法律人共同体的时候，特别是‘法律人治国’时，许多人可能会有一种错觉，似乎这个政治共同体就是由法律人决定的，法律人应当天然地成为这个职业共同体的主人。这种错觉对法律人而言，往往会变成一种致命的诱惑”。[①]

显然，截至目前，“法律共同体”不过是法律人或者部分法律人的期许。至少身为律师的法律人明显感受到了其中的分化，或立场、沟通上明显的鸿沟。不过，从历史发展的趋势而言，笔者坚信“法律共同体”的形成是法治化进程的必然。

因此，无论是律师还是法官，在职业或执业的纽带中，除了角色、立场、阅历及知识结构的差异外，运用的几乎是同样的工具——法律，尤其最终无不指向“公平”“正义”等终极价值。

二、专业，通往尊严的名片

既然律师与法官彼此都是法律城邦的一员，自然是“抬头不见低头见”的。如果想成为法律城邦的合格成员，必然期望在“专业”过招中得到对方认同。否则，对想过有尊严日子的律师而言，是没有驻

① 王健:《强世功再论“法律共同体”》，载《人民法院报》2016 年 4 月 24 日，第 8 版。

扎或安居乐业于法律城邦的可能性的。

“专业”并非随便说说，也不是打着“专业”的幌子随处招摇撞骗糊弄人。如今“专业”早已成为各行各业从业人员的安身立命之本。“专业”，是法律职业的应有之义，律师立足于事实和法律，是行业的应然要求。当然，想拥有“专业”，或成就“专业”，可不是一两天就能见成效的，这需要“劳作与时日”的务实修炼，才有可能。

律师安身立命在于专业。专业的高下必将影响个人的发展前途。笔者对此深有感触。笔者曾几次在外地开庭，对方代理人均是当地赫赫有名的大律师，不过，几轮交锋后，专业的法官自然清楚孰是孰非，毕竟案件讲究的是“以事实为根据，以法律为准绳”。庭审结束后，作为法律共同体的法官，自然也出于好意，“教育”对方代理人要多向同行学习，多研究法律规定，吃透案件。

有了专业支撑，做到有的放矢，也就不用害怕“谁的地盘谁做主”的主场优势了。比如，建设工程领域的案件，如何设计最优方案为当事人讨要到工程款；房屋买卖合同纠纷，作为开发商如何有理有据诉求超面积房屋款项，购房人如何向开发商主张延期交房或办证的违约责任等，都深藏大学问。

专业，不仅能提升自信，而且能更好地为当事人服务，在庭审中，分析案件才能鞭辟入里，掷地有声，有理有节有据陈述己方观点，如此，代理意见才可能最大限度地得到法官采信。

专业律师，才是法官和当事人所喜闻乐见的。

三、尊重，是唇齿相依的润滑剂

作为诉讼律师，每次代理都要以案件事实为依据，以服务好当事人为中心，遵循“对事不对人”的原则。在办理案件的过程中，没有必要咄咄逼人，动辄给人脸色看——别自以为是“人家看你脸色吃饭”，也不是自认为来点江湖气，声嘶力竭，言辞激烈，人家就讲情面或畏惧几分。这样的做法不过是小孩子过家家而已。

当今的年代是凭修养、修为做事的。越有能力，越有教养的人，总是恭敬、谦卑礼让的。法谚，法律面前人人平等。彼此尊重是为人处世的基本前提。既然普罗大众都如此，作为法律共同体的成员岂有不如此的道理？

无论律师对法官还是法官对律师，尊重是双方正常开展工作的前提。比如，有些律师接到书记员的电话，不主动向书记员问清承办法官姓名、案号及办公室号、法庭号（尤其是二审程序时）等信息，也不主动去诉讼服务中心进行查询，这样势必给主审法官形成不好的印象。试想，大多数法官案件堆积如山，他们不太喜欢一问三不知的代理律师，或那些把一问三不知的责任归咎于书记员没主动告知（虽然一名专业合格的书记员确实应该于电话通知时就应明确告知）的律师；还有的代理律师，在案件庭审结束，甚至通知领取裁判文书了，还不知道代理案件的承办法官或书记员是谁。试想一名代理律师连代理案件承办法官是男是女、姓啥名谁都不清楚的话，又谈何尊重？

所以，笔者坚信，律师对法官尊重，法官自然也会“来而往”地以礼相待。

四、理性，对事不对人的基石

人既是理性的动物，也是感性的动物。个体偶尔有情绪也属情理之中。可是，对从事法律工作的律师们，可不能动不动就“任性”，要对自己的情绪有较强的掌控能力，做情绪的主人。

案多人少的司法现状，导致法官办案压力大，有时在态度上不够热情，亦情有可原。既然同为法律人，多点相互包容，换位思考总是有利于和谐共处的。

笔者刚出道时也曾因法官的情绪波动，而受到一定程度的影响。然大家都是凡夫俗子，哪有完美人的“样本”呢？宽容是对抗的最佳溶剂。作为法律人，得时常调整情绪，多运用理性，聚焦在案件本身，毋扩展到法官个体的方方面面，避免犯“智子疑邻”的错误。

五、良好沟通，架起彼此欣赏的桥梁

律师需练就沟通艺术（当然，笔者也并未掌握，只是觉得尤为关键）。沟通前，铺陈好沟通内容、重难点、理出其内在逻辑或条理，便于沟通时清晰地表达自身的诉求。

沟通需把握两个核心，一是是否属于必要的沟通内容。无论庭审前还是庭审后，针对案件的某些关键事实或某些核心法条的解读是必要的，便于法庭进一步掌握案件实情，探究法条的立法原意，从而实现法律的公平正义。二是要兼顾法官的时间。法官每天要处理过多的案件，时间自然宝贵。律师需与法官预约，不能突然袭击，打乱法官的既定安排，否则，沟通不仅可能无效，还可能形成误解。

当然，现实中，也存在极少数法官故意避而不见的情形。面对这样的情形，只能尽人事听天命。

总之，沟通的目的是推进案件进程，促进案件的解决，而不是给法官添堵，与法官斗气。

六、细节，律师的理性底子

细节决定成败，这已是老掉牙的奉劝了。

不过，对法律人而言，这仍是颠扑不破的真理。注重细节，是律师专业与责任心的体现。不仅如此，法律人的理性全在这些细节中一一呈现并赢得称赞。细节的把握，是做好律师代理人或辩护人的内在必然要求，是对案件、法庭与其他法律职业共同体的尊重。

从办理案件流程来看，从接待当事人开始，就需要启动“细节管理”，并自始至终贯穿于当事人的谈话、案件材料的搜集整理、案件分析、案件方案的设计、起诉材料的准备、起诉证据梳理、案件材料证据系统化权衡、庭前代理观点的推敲、庭前会议、庭审后代理词的斟酌等全过程。具体包括以下几个方面：

1. 形成诉讼方案前，经办律师须查阅并研读相关法规，尤其是最新法规，避免以“旧法”论“新案”。笔者刚出道时，曾代理一起“与公司有关的纠纷”，因那个年代互联网还不发达，笔者对网络搜索并不熟练，所以不知《公司法》新修订的情况，以致开庭时，陈述的法条虽然内容（该条内容并没有调整，只是调整了序号）与案件契合，但与新修订的法条顺序不一致。对此，法官虽然没有任何指责，但笔者此后常常自责。

2. 查找最新类似判例，加以研究，找出类似判例解决的门道与规律。建议形成心得或提炼总结为成果，同时，为后续拣选匹配案例呈送法庭参考做准备。

3. 综合法规，研读判例心得及案件材料，反复推敲及论证以厘定诉讼方案。

4. 准备立案材料，注意诉讼材料的细节处理，尤其不要遗漏诉讼请求。杜绝诉讼请求间的矛盾，事实与理由要简明，避免长篇大论，言多必失，并梳理好必要的起诉证据。对诉讼证据的拣选，笔者是有过教训的。记得刚出道时，笔者代理一起买卖合同纠纷案件，由于双方没有签订书面的买卖合同，所以，在立案时需要提交证据证明两者之间的法律关系，当时没有仔细推敲对方付款的凭证除了能够证明双方之间存在买卖合同的法律关系，也具有证实对方付款的证明作用。笔者只考虑到法律关系的证明目的积极一面，而忽略了其消极作用，以致庭审过程中，略微使笔者方处于被动地位。

5. 案件立案后，提前梳理证据材料，制作好证据材料并装订成册（关于证据的制作参见拙文《证据制作的四大核心要点》）。值得欣慰的是，笔者因证据装订成册曾受到过不少法官表扬，从而赢得了印象分。

6. 开庭前，准备好代理提纲，便于开庭时，有的放矢，言简意赅。这也是得力于笔者通过无数次庭审和不断向法官请教而感悟到的。

7. 整理好开庭材料，按序号分门别类区分，避免开庭时，东翻西找，仓促应对。比如用不同颜色的回形针区分，文中的重点、要点用不同颜色的笔标记。这样可以从容应对庭审中出现的各种紧急状况。

8. 出庭发言时，简明扼要，条理清晰，层次分明。避免任意发挥，煽情大论，不得要领。尤其当法官打断发言时，尽量顾及法官的情面。若确需表达与法官观点相左的观点时，建议先报以歉意，直接亮出观点。待事后多到法院当面汇报或分阶段、按层次多写几份递进式的代理词补充。试想，法官每年要处理那么多案件，对他们而言，时间的确就是生命，谁有那么多时间听取“祥林嫂”似的唠叨。

9. 若涉及发言尽可能礼数周到，语气因案件而异，中和绵柔，不激不厉，肢体语言尽量少许、弧度小为妙。

10. 下功夫打磨好代理词呈送，补充庭审时间不充足所带来的遗憾，根据庭审查明的事实调整观点，奉上类似判例供法庭参考等。

对律师而言，专业、尊重、理性、沟通、细节是一名合格律师必须具备的。律师集中于案件，以事实、证据、法律为核心，完美演绎自己的角色，赢得法官与当事人的认可才能水到渠成。

篇三

律师自我管理的六大方面

说实话，除法律和感兴趣的领域外，笔者是十足的“天真汉”“无知者”。正因为如此，笔者才落得友人调侃，家庭中太呆，为人中太憨；谈吐间显雅，行动中见儒；生活中太傻，工作中太疯，学术中太痴；骨子中太狂，世俗中不张扬；性格中太坚持，平素中不迂回；成人太正，湮没了邪气。好比关汉卿所说，是一颗蒸不烂、煮不熟、捶不扁、炒不爆、响当当的铜豌豆。

其实，“管理”于笔者这落伍之人显然不搭调，笔者对管理基本是一无所知的。所幸从业时间较长，笔者多少有些真切体会，略有几分感知而已。

笔者认为，律师的个人管理，较为重要地体现在时间、业务、知识、人际关系、情绪以及健康六大管理上。

一、时间管理

众所周知，时间就是金钱。这话仿佛生来就是为律师“量身定制”的。律师提供服务，为谁提供服务，提供怎样的服务主要取决于时间如何分配。因此，能否管理好时间将影响律师职业的高下、优劣，甚至存废。

时下，每个行业每天都要接触庞大的信息，迎来送往、仰人鼻息，奔走于坊间与庙堂，绞尽脑汁突围与超越，以此赢得生存空间。同时，还需经营好家庭，陪伴好老人和孩子。律师亦不例外，不仅要穿梭徘徊于公检法，面对堆积如山的案牍，而且要游走于各种应酬。除此之外，冷不防要处理突发事件，甚至接受不速之客——媒体的采访等。如果时间统筹不好，势必牵一发而动全身，导致恶性循环，掣肘于各种琐碎事务中。

就个人而言，虽然在时间管理方面，谈不上较为合理和科学，但勉强凑合，不至于“剪不断，理还乱”。这是基于笔者做到了以下几点：

第一，养成“事前绸缪，提前做功课”的习惯。印象中，自上学以来，笔者便养成了第一时间完成当天功课的习惯。尤其是放寒暑假，为了有充分的时间走亲访友，笔者通常在1周内将全部作业完成，[①]余下的时间便可自由支配，逍遥自在。这样的习惯一直保持到现在。

第二，合理安排工作进度。通常笔者会提前计划，比如：①针对

---

① 当然，这样的作息安排和方式不可取，与假期作业安排目的或宗旨相悖。

委托事务轻重缓急进行编号排序。②对个案过程的时间节点有效控制。以关键节点为轴线展开，比如，若原告委托代理案件，则对案件材料的收集、方案的形成、起诉材料的准备、立案时间、证据的梳理、开庭前的准备、庭后跟踪等进行详细安排。

第三，提高处理委托事务的效率。当然，这与执业经验的积累和专业化建设有关。

第四，就某些突发事件和临时社交活动，以及媒体采访等进行事前预案，这样才不至于遇事手忙脚乱，无所适从。

第五，工作时间与家庭事务的相对平衡。有家室的同人自然明白，一旦工作安排不妥当，就会波及家人的情绪。何况工作有一部分也是为了家人。

古人说，人不仅要有责任，更要有趣味。如果仅周旋于工作，沉浸于事务，就会变得市侩，没有人情味。这样一来，与机器何异？因此，除了工作，人还得回到个人的兴趣、友情、亲情、人伦当中——这些可不是“口惠”可以解决的，这些是需要“时间”在场见证、刻度及测量的。

在工作与家庭两端，尽可能找到平衡点，不厚此薄彼，亦不可偏重于一方，需要“两手抓，两手都过硬”！否则，一旦与家人沟通少了，陪伴少了，势必影响家人的心理情绪。久而久之，在沟通上、理解上大打折扣，也就少了“南征北战”的后方支持，自然会影响工作效率和质量。

时下，不少人感叹时间不够。事实上，时间的有无，关键在于个人如何有效地管理时间。比如，我的全部书稿基本是较他人早起晚睡，得以逐渐完成的。正如微信圈曾流传的，“时间犹如女人的乳沟，挤挤总是有的”。虽然有些俗气，但确实道出了时间管理的哲学命题。

二、业务管理

时下，专业化分工渐成趋势，律师个人的案件相对趋向类型化、体系化。不似此前“万金油”时代，来者不拒。

律师业务主要分为诉讼和非诉讼，只是侧重不同而已。自进入律师行业以来，笔者一直在思考，律师业务究竟是多多益善，还是适度才好。经过这些年的体悟，笔者觉得业务质量才是关键。贪求数量，只是暂时收益数额增加，但长远而论，得不偿失，且易被“芝麻”碍眼，忽略了“西瓜”。

笔者认为，选择案件应从客户的人品、修养及待人接物，案件本身的质量、价值等方面综合判断。如此，不仅个人有精力足以应付，而且与客户之间彼此契合胃口，更利于沟通交流，从而成就感更强。

笔者选择客户，大致遵循以下原则：

首先，考虑客户的秉性和为人。不然，即使合作起来，后续也会节外生枝，发生不愉快的事情。

其次，斟酌委托事务是否有价值——不是对个人的经济价值，而是在专业上是否有琢磨和推敲的空间。建议做个人擅长的事情，兼顾个人兴趣。这样才能得心应手，游刃有余。切忌霸王硬上弓，苦了自己，坑了客户。

对既有的委托事务或客户：①尽量主动服务，诊断客户潜在的法律风险，适时给出风险预警提示；②根据客户的行业分布、经营布局及经营战略等，做好法律风险事前规划和应对方案；③对诉讼案件，增强过程服务，密切跟进案件进展，及时反馈，与当事人顺畅沟通。

三、知识管理[①]

我国是法律法规数量大国，每年都有不少法规、政策、司法解释出台。身处立法大国，律师自然需要与时俱进，随时学习、掌握最新法律知识。尤其与个人专业领域相关的法律法规，更需及时解读研究。唯有如此，才能打造好专业槽，巩固专业化堡垒，形成或强化专业化标签。

除了专业知识外，还需掌握个案的行业知识、客户的行业情况等。否则，如果仅懂一点专业的知识，难以把握、吃透及拿捏其中的风险点，自然也就不能提供及时、高效、精准的法律服务。

几十年过去了，笔者一直信奉，学习才是硬道理，阅读是人生最

① 已有专文详述，此处略。

佳的美容和养生之法，思考是生命最艳丽之花！

四、人际关系管理

古话说，天时不如地利，地利不如人和，足见人际关系的重要。当然，不单单律师行业如此，其他行业莫不如此。

笔者认为，平台建设对律师的发展尤为重要，具体而言：①律师的合作。除协调好团队成员、律所同事外，还需打破律所、地域界限，广泛团结业界精英，才有利于自身素养的提升和有机会解决当事人的各种难题。②打造学术顾问团。鉴于个案的纷繁复杂，法规的滞后，当事人越来越高的期望，对某些案子，个人的力量、律所的力量难免单薄，这就需要专家顾问团进行研讨论证。③加强与各中介机构的联系和互动。这不仅有助于为客户提供综合的服务，而且有利于保持法律服务视角的周全，形成系统化法律思维。④加强与各金融机构、各社团和各区域平台的互动。

总之，“一切以客户为中心”，以“法律”“事实”为重心，用专业撬动资源，从而满足客户多元化、深层次的法律消费需求。

五、情绪管理

做律师越久，见当事人越多，做的业务就越广，追求的质量就越高。同时，伴随业务数量不断攀升，当事人的综合素养和期望值也越来越高，面对这些，律师所承受的压力可想而知。

除了每天都被法律事务缠身，还需应付案外的人情世故，协调家事和工作间的冲突，辗转于各种交际场合……长此以往，压力不断积累，如果没有合适合理的“宣泄”通道，律师也将“崩溃”。

个体差异和知识涵摄及经历不同，对外界感知和某些现象或事件的认知、理解便不同。笔者因从小经历较曲折，对生命的感受较深，渐渐养成了“泰山崩于前而色不变”的心态。遇事尽心尽力尽责，遵循尽人事自有天命的安排，注重修身养性，每天坚持浏览哲学、宗教、历史、文化类书籍，以滋养精神，排解压力，丰富内涵，提炼人生。

总之，情绪管理需要守护内心的和谐，多来点“采菊东篱下，悠然见南山”的闲适；“不以物喜，不以己悲”的恬淡；“不畏浮云遮望眼，只缘身在最高层”的超然；尊重生命的“随心、随性、随缘”！

六、健康管理

律师整天案牍劳形，终身“加鞭”学习，推敲永不止，思考无尽头。除此之外，还不得不时常周旋于各种圈子的应酬。可律师终究是人，不是神。如果没有健康的身体，如何能提供优质高效的法律服务？没有健康的体魄，如何做到“为天地立心，为生民立命”呢？

人们时常说，身体是“1”，其他都是“0”，这是人世不可争辩的共识。如果将人生比喻成一幢大厦，健康就是整栋大厦的地基，如果地基不牢，自然“地动山摇”。

因此，健康管理是事业腾飞的关键，没有健康，其他都归于无。律师，不妨定期做体检，每天根据个人的情况，适当适度运动。建议尽量多坐地铁少开车，以此逼迫自己锻炼放松；陪伴家人时，不妨见缝插针进行锻炼；养成健康饮食，规律生活，减少抽烟、喝酒、熬夜等生活方式。

总之，善待自己，善待生命。

篇四

律师的知识管理①

说实话，“管理”对笔者而言，一窍不通，遑论什么经验，只不过仗着从业的“时间”长了，略有一些体会罢了。

一、学习才是硬道理

我国是法律法规数量大国，每年都有大量法规、政策、司法解释出台。身处立法大国，律师自然需要与时俱进，随时学习、掌握最新法律法规及政策知识，尤其与个人专业领域相关的法律法规，更需及时解读研究。只有这样，才能打造好专业槽，巩固专业化堡垒，形成或强化专业化标签。

就笔者而言，律师的知识管理，大致应遵循以下几个方面：

第一，律所层面，安排专人每天检索最新法律、法规和政策及资讯，便于知识更新。

---

① 此文系 2016 年，应无讼邀请，就“如何做好自己的知识管理”为主题进行讨论而形成。

第二，专业团队层面，确定专人每天检索专业内的相关法律资讯和行业商情信息。

第三，律师个人角度，需做到：①要求团队负责人或专业骨干每周研究一个主题或撰写一篇专业方面的实务文章；②执业3年以上的律师，最好定期或不定期，如每月或每季度开展一次实务讲座（不限定场合，无论在律所还是径直走进客户）；③每周召开学习例会，主要围绕最新法律法规资讯的分享或解读，疑难案例研讨，相关热点、难点等争议问题进行交流。

二、律师更要博览群书

西南政法大学前校长付子堂先生有一代表作，即《法之理在法外》。借此，笔者认为，律师职业也不能囿于法律本身而不外求。否则，律师是难以服务好客户的。

笔者曾撰文《法律是艺术吗》，阐述“法律是一门艺术”。但不是所有的律师都能达到这个境界，这需要千锤百炼才能修炼而成。

因此，除了专业知识，律师还需掌握客户或个案的行业知识、行业资讯等。否则，如果仅懂一点法律专业知识，难以把握、吃透及拿捏个案或法律实务中的风险点，自然也就不能提供及时、高效、精准的法律服务。

这就是那些大律师、知名律师，孜孜不倦博览群书，放眼法律、法学内外，涉猎与个案或法律实务相关的书籍或知识，通过持续的知识积累，达到厚积薄发，高效处理当事人法律事务的原因！

当然，也有不少律师为了提升专业知识，不惜参加各种培训或考研考博，以此提升除法律知识以外的知识素养，塑造专业品牌，形成专业化发展路径。

但无论选择何种方式，都离不开“手不释卷”的阅读精神，养成每天阅读的习惯。没有点滴的阅读，在执业过程中是难以达到得心应手、轻车熟路的状态。

三、执业需要刨根问底

笛卡尔曾说，“我思故我在”。此处不探讨这句话所包含的哲学意义，更不涉及解读。仅借用该话语道出“思考”“怀疑”“否认”“反思”等的重要性。

事实上，每一个行业的工作者，都需要“吾日三省吾身”，都需要刨根问底，追根溯源，达到“知其然且也知其所以然”的目的。

作为律师，其专业的程度可能关乎当事人罪与非罪，自由的存与废，财富的得与失，家庭的合与分，公司的立与破，股东的进与退等。

因此，无论是在代理案件还是研读法律法规的过程中，都需要反复推敲，仔细琢磨。查找类似案例，穷尽相关法律法规及司法解释，地方法规，法院的审判纪要，收集并掌握个案所涉及的行业知识——将这些因素糅合起来通盘斟酌、思考、质疑，才能如“庖丁解牛”般精准找到解决问题的切入点或突破口。如此，不仅有利于解决当事人的法律问题，也提升了自己解决问题的能力和综合素养。

篇五

证据制作的四个核心要点[①]

无论是诉讼代理人还是非诉讼代理人，对证据的梳理和制作必不可少。现实中，不少代理人往往有意无意疏忽甚至忽视证据的梳理和制作。事实上，证据制作的优劣好坏，对案件或非诉法律事务的处理都至关重要，或者说直接决定法律事务处理的效果。如果证据梳理、制作得当，也能使劣势转化为优势。具体而言，涉及以下四个核心方面。

一、证据制作的内在逻辑梳理

（一）围绕法律事务的“目的”梳理证据

“目的”决定行动，它是我们的着力点，否则就会成为无头苍蝇。但不少同人在具体行动时，会变得恍惚，而不知所云。尤其是个案中，在制作证据的时候，未必能做到不折不扣。有时候不免也稀里糊涂，重蹈“邯郸学步”的覆辙，全然忘了自己的节奏。

① 参见李承蔚:《致青年律师：永远别让你的技巧胜过你的品德》，载微信公众号“方圆”，2018年5月4日。

对诉讼案件，制作证据就是为了驳斥对方的诉求，直接攻击对方的诉讼观点，必须“瞄得准”，攻击“痛点”，火力集中；对非诉讼法律事务，需要围绕目的进行收集，促进谈判、协调及磋商，以促成目的的实现。

总之，这是证据梳理的前提，否则，将导致说东道西，无的放矢，或者隔靴搔痒，蜻蜓点水的后果。

（二）厘清证据形成的时间逻辑

所谓雁过留痕，此处就是指证据总是在时间的一维空间中留有痕迹。我们在梳理的时候，需要遵循一般人认识事物的逻辑，从时间的生成、发展、推衍进行梳理，从而让证据在时间的一维空间中客观呈现，便于我们厘清事件的时间维度，从发生学角度进行把握。

（三）结合“打靶目标”和时间维度，对材料进行综合理析并层次布局

每个证据都需围绕“进攻”对方而进行角色定位或主次作用分配等方面的逻辑归类，具体如下：

1. 必须筛选出核心的证据，将这些证据进行逐一推敲，重新审核轻重主次，并进行编号，相互之间形成严谨、缜密的链条，让人无懈可击，即便有“懈”可击，也不至于遭受重创，甚至逆转，致使己方处于劣势或被动局面。

2. 针对非核心的证据需要进行相应的组合，增加“攻击性”或“战斗力”，至少可以作为主要证据的补强或互为表里的印证。

3. 由于每个证据在法律事务中所起的角色或作用不一样，因此，针对某些证据存在“左右摇摆”的情形，甚至有“特洛伊木马计”的嫌疑，应坚决剔除。

比如，对意思不是特别明确或立场不是特别坚定的证据，可能将面临各执一词的局面，引发“公婆”的争论——这类证据，就需要反复斟酌、推敲，测度己方出示该证据的解读方式是否符合法律规定，符合情理，符合交易习惯，或通常人的认识规律，思维模式。如果不能形成普通人所认识的且对己方有利的局面，建议对该证据有所保留，静观其变，或加以反复换位推敲、论证。

4. 有的证据，从正面角度看没有什么副作用，但从反面解读，或许对己方极为不利，对这种证据坚决慎用，避免盲目自信。

5. 有的证据虽然从正面不起积极作用，从反面却有利于挖掘案件事实或存在“引蛇出洞”的引诱效果，这类证据可以作为翻盘或翻转的利器，伺机而动，但切不可盲目。

（四）避免证据之间出现“自我矛盾”的情形

证据在于为己方说话，如果没有设计好，可能出现“以子之矛，攻子之盾”，如此一来，将自毁前程，前功尽弃。因此，在证据梳理和制作时，一定要避免这样的悲剧发生。

二、慎用、少用“外力”作证

（一）人证

1. 证人出庭

有人说，外来的和尚好念经。关键是这个外来的和尚怎么念，是“好（hǎo）”还是“好（hào）”，我们不太确知，而且这个和尚并非任由我们掌控或摆布。

这里涉及证人出庭作证的情形。笔者曾经代理的一起案件，原本没有太多有利证据证明我方观点，正在山穷水尽时，对方居然请了证人出庭——这让笔者看到了希望，于是，整个案件的赌注都放在对方的证人身上。

按常理讲，对方申请出庭的证人，不可能为我方说话，更不可能说好话。但在这个案件中，对我们有利的证据极为有限，别无出路，只能孤注一掷。于是，笔者转而围绕这个证人做文章，后来，居然发生了戏剧性的逆转。这得感谢该证人有“觉悟”，坚守了“底线”，还原了案件本来的面目，让我方权益得到了支持。

像这类情形，如果证人出庭并不是证明己方核心观点时，建议慎重选择，否则，将“覆水难收”。

俗话说，人是最靠不住的——虽然每个人都有立场，但人之为人在于不由自主会恪守人性底线或尊重人性的缘故。

2. 专家出庭

除此之外，还涉及申请专家出庭的情形。对某些专业性强的案件，即便我们弄得明白，也说得清楚，但通过专家的嘴巴说出来，其分量是不一样的。所以，为了让法官或审判人员不陷入将信将疑的状态，建议聘请或申请专家出庭作证，便于法官弄清楚案件中专业问题的是非曲直，来龙去脉，利于他们对案件的全面把握和精准认知。

（二）申请法院调取证据

有的证据即便当事人穷尽所有手段，都无能为力，难以获取。这就需要申请法院去调取。

但这类证据，会面临多种情形，比如：

1. 听当事人说有某些证据，且这些证据听起来还是有一定关联的。对这种情形，最好反复和当事人确认，促使当事人尽可能回忆，一旦盲目申请调取，就面临“开弓没有回头箭”的尴尬局面。

2. 代理人通过对案件的了解和掌握，从专业角度判断有调取的必要。这种情形往往得益于有经验的代理人，因办理了较多同类案件，所以，确知这类案件会在哪些部门留下痕迹或形成相应材料，而这些材料对案件的是非曲直判断又有直接决定性影响，或属于核心证据，这时自然需要调取。

3. 代理人确知在相关部门的证据之所以需要调取，是基于根据现有的证据不能充分证明己方观点，或不能达到高度盖然性认定己方证据。

（三）申请鉴定、审计、评估等

有些案件对某些证据的真伪难辨，或对争议的标的额存在分歧，甚至不确知等。这种情况就需要借助第三方机构进行专业定性、定量从而得出权威科学客观的结论。

对此，通常的做法是双方委托较为妥当。但一旦双方发生纠纷，彼此反目成仇，不少当事人之间难以沟通，彼此包容。这时，就需要“先下手为强”，委托权威机构进行诉前的定性、定量分析并形成结论成果。

对这类证据，除非存在程序或实体方面的瑕疵，一般不会面临被否定的后果，当然，如果争议标的额太大，尤其是遇到涉及国有资产的情形，不排除“打倒重来”，但毕竟解决了起诉时标的额需明确的前提，从某种意义上，也取得了主动权。正所谓，青山遮不住，毕竟东流去。

三、制订计划并与当事人反复推敲

证据材料的制作不是无中生有，而是建立在客观发生的事实和形成的相关材料上，在二者中寻求蛛丝马迹，尽量还原案情事实。

作为代理人，由于不是案件亲历者，也并非见证者。因此，对案件中客观产生的各类证据显然不能客观解读、明辨是非，也无法判断证据是否存在缺漏。这就需要代理人作出诉讼策略方案，围绕诉讼目的对案件材料进行甄别。在对案件材料进行梳理和查漏补缺过程中，需要反复和当事人了解、沟通并研究，找出各个证据之间的关联，从而厘清头绪，形成证据链。

在证据的制作过程中，需几易其稿。反复斟酌、批判、辩驳、换位质证。有条件的，建议开展模拟法庭，进行针锋相对的进与退、攻与防、破与立等演练。这样做不仅有利于对案件了然于胸，而且也便于抓住案件证据之间的"魂"，将案件"吃进肚子"消化透彻。

四、追求形式的完美

笔者在全国不少地方开过庭，总体来说，北上广的律师就证据制作，至少在形式上较为严谨、认真、规整。不过，也存在诸多需要共勉的地方。

（一）证据目录或清单

1. 形式各异

有不少当事人开庭，根本就没有准备证据目录。仅在开庭时，东拉西扯拿出证据，啰里吧嗦，半天说不到正题；有的根本就没有任何逻辑，仿佛法院是自家开办的，甚至惹怒审判人员。

大多数当事人开庭出示的证据都有证据目录，但五花八门，形式各异，麻麻杂杂，根本不得要领，有的居然还有油渍（详见图 1）。

笔者认为，凡是法律问题，都特别严肃，因此，在材料的准备方面也理应显得庄重、严肃、科学、严谨、美观、大方（如表 1）。

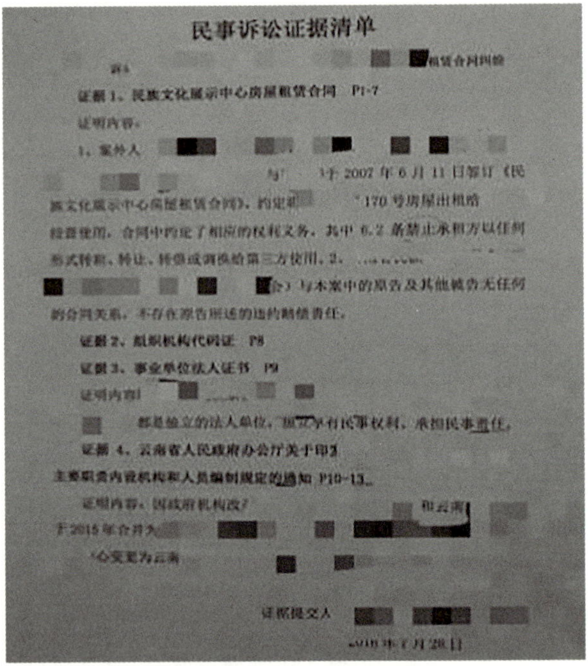

民事诉讼证据清单

[redacted]租赁合同纠纷

证据 1、民族文化展示中心房屋租赁合同 P1-7

证明内容：

1、案外人 [redacted]

[redacted] 与 [redacted] 于 2007 年 6 月 11 日签订《民族文化展示中心房屋租赁合同》，约定 [redacted] 170 号房屋出租给 [redacted] 经营使用，合同中约定了相应的权利义务，其中 6.2 条禁止承租方以任何形式转租、转让、转借或调换给第三方使用。2、

[redacted] 与本案中的原告及其他被告无任何的合同关系，不存在原告所述的违约赔偿责任。

证据 2、组织机构代码证 P8

证据 3、事业单位法人证书 P9

证明内容：[redacted]

[redacted] 都是独立的法人单位，独立享有民事权利、承担民事责任。

证据 4、云南省人民政府办公厅关于印发

主要职责内设机构和人员编制规定的通知 P10-13。

证明内容：因政府机构改革 [redacted] 和云南 [redacted]

于 2015 年合并为 [redacted]

中心变更为云南 [redacted]

证据提交人 [redacted]

2016 年 7 月 28 日

图 1　有油渍的证据清单

表 1　证据目录示意（1）

序号	证据名称	证据来源	证明内容	页码
1	《租赁合同书》	被告××××餐饮有限公司与原告于 2013 年 11 月 10 日签订	（1）原告未按约履行提供租赁房屋总建筑面积合法及有效计算所得结论的合同义务，原告按 701 平方米计算该合同的租金不符合合同约定及法律规定，且出租面积测量费用的约定属于合同提供方的格式条款，加重了承租人责任且减免出租人义务；（2）原告所出租的房屋未通过消防验收，不符合交付使用条件，不能对外出租，违反了法律的强制性规定，涉案合同因此无效，原告在签订合同时声称已通过消防验收，明显属于欺诈，应承担合同无效的全部责任；（3）被告××××餐饮有限公司仅承租了涉案 701 平方米商铺，原告主张被告××××餐饮有限公司应共同承担 701 平方米租赁房屋和 290 平方米租赁房屋的合同义务，没有事实及法律依据	P1 ~ 8
2	《房屋租赁费发票》	原告出具	证明被告××××餐饮有限公司承租原告商铺后租金支付方式的约定通过实际履行行为对原被告此前约定已进行了变更，被告的履行方式正确、适当且得到原告认可	P12

2. 目录布局

经过 10 多年的律师执业，笔者摸索和总结出个人认为较为科学、严谨的证据目录格式（如表 2），详见如下所述：

（1）左上方体现案件的案号。比如，案号（2016）琼××民终××号。这样做的好处是，让审判人员一目了然，知悉该证据属于哪个案件，不至于审判人员搞混或与其他案件搅和在一起。字体方面建议采取与标题、正文不一样的字体，同时，正文字号应小于标题，至于正文字体的选择——取决于个人的偏好或审美的视角，但建议使用公文规范字体。

（2）在案号正下方中间体现案件各方当事人、案由。比如，原告（或上诉人）××水利水电公司诉被告（或被上诉人）××建设工程公司建设工程施工合同纠纷一案。注意，如果一方或双方当事人较多，就径直体现己方和对方较有代表性的一方即可。

（3）在案由正下方体现“证据目录或证据清单”。注意字体大小的酌定。

（4）在证据目录或证据清单的右下方体现“证据提交人”“联系方式”“提交时间”等信息。“证据提交人”直接表明该证据是属于哪方提交的，使审判人员清晰可辨；联系方式，使审判人员方便联系；至于提交时间，大多法院在收到证据时，将会在证据清单上盖印戳，并要求提交人注明时间和提交人等内容信息，对此，不是必须事先体现的，但建议注明较为妥当。

（5）建立证据清单或目录的表格。通常，建立“序号”“证据名称”“证据来源”“证据份数”“证明内容”“页码”“备注”等栏目。具体增减栏目，根据各地法院的习惯或证明目的进行拣选。

（6）建立分组的“序号（纵栏目）”。通常，分组排序根据时间顺序或证明目的、证据主次、证据内在逻辑等进行编排、分类，这样分类编排的好处在于，证据层次分明、逻辑清晰、目的明确、目标一致。

（7）将各种“申请书”（如证人出庭申请书、调查取证申请书等）列在相应分类组。以此提醒审判人员，在庭审过程中着重查明或引起关注。因为不少法院对调取证据的申请会理性对待，有的调取证据完全取决于对方是否承认，一旦对方承认，也就没有调取的必要，从而节约了社会资源、当事人成本、提高了审判效率。只有当庭审未能查明，且不调取又对各方当事人权益有影响或难以查明案情时，才有调取的必要。

（8）如果是律师作为代理人的，建议在证据目录的页眉、页脚体现律所的 LOGO 和联系方式等相应的信息，以便于审判人员联系或对方当事人就案件和解、调解进行联系。

表 2　证据目录示意（2）

<table>
<tr><th>序号</th><th>证据名称</th><th>证明对象</th><th>页码</th></tr>
<tr><td rowspan="2">第一级</td><td>×××与×××签订的《××合同》</td><td>1. 原被告双方于　年　月　日签订了《××合同》;
2. 合同约定……
3. ……
4. ……</td><td></td></tr>
<tr><td>×××与×××签订的《××协议》</td><td>1. 被告……
2. 明确约定了各方责权利;
3. ……</td><td></td></tr>
<tr><td>第二级</td><td>×××与×××微信记录</td><td>1. ×××与×××微信往来，证明……
2. ……
3. ……</td><td></td></tr>
<tr><td rowspan="2">第三级</td><td>××收据</td><td>1. ×××于××年×月×日收到×××款项×××元;
2. ……
3. ……</td><td></td></tr>
<tr><td>调取证据申请书</td><td></td><td></td></tr>
</table>

（二）页码

每页证据都需要在“右上角”或“左下角”标注页码，方便检索查阅。

（三）装订

建议装订成册，有条件的可以增加封面，体现庄重严肃、美观大方、科学艺术。

（四）证据份数

建议根据合议庭组成人员及对方当事人人数提供相应份数，尤其仲裁案件，更是如此，便于人手一份，方便庭审查阅和质证，从而有利于顺利推进案件的审理，方便了各方，也成全了自己。

以上是笔者这些年的点滴心得，当然，不过是一己之见。行文至此，不是出于好为人师而是希望引起同人的重视，引发大家思考和探讨，从而促进律师行业的良性、规范、井然有序地发展。

篇六

“危机公关”——律师不能缺位

在自媒体时代，舆论风暴的掀起往往令人措手不及，其负面影响常常也是出人意料，其结果也往往会造成一定程度的灾难。在此情形下，如何及时回应社会及公众质疑，从而化险为夷，对当事者都是极大的考验。

综观近年来一些引发舆论口诛笔伐的典型案例，笔者认为律师缺位是事件持续发酵的重要因素之一。比如某化妆品推出的一则创意广告涉嫌侵权、某航空公司托运宠物受重伤事件等。

律师不仅是法律方面的“能工巧匠”，更是当事人的重要谋士。尤其在山穷水尽或危机四伏时，最好能在法律框架内给出锦囊妙计，促使事件朝有利的方向发展。在此，笔者简要做几点梳理，看律师如何能在“危机公关”中发挥重要作用。

一、诊断：以法律为尺度

面对社会上所发生的林林总总事件，职业人自然免不了以其职业习惯进行“评头论足”。同样，若当事人不幸陷入“危机”，作为律师自然会以其法律职业的敏锐性进行诊断，加以评判。

有人曾略有夸张地说，一切风险归根结底都是法律风险。仔细思量，此说辞并不为过。尤其针对当事人所发生的点滴事件，细细推敲，都与法律有着“剪不断，理还乱”的联系。

因此，一旦当事人陷入“危机”，智囊团中必不可少的便是“律师”！律师作为法律专业人士，与其团队一起，运用其对法律通盘、周全的了解，至少可以从法律法规层面对当前“危机”加以系统、全面地梳理，从法律的视角加以探讨、论证，进而得出定性和定量的结论，为当事人所涉“危机”首先圈定“红线”或“高压线”，而不至于让当事人越过“红线”或“高压线”，从而陷入万劫不复的境地。

二、出招：以专业为武器

法律人虽具保守的禀性，在“纠纷”“矛盾”面前，却有着“运筹帷幄、决胜千里”的战略思维。这一切都归功于专业内敛的要求和在执业过程中所养成的“征服”气质。法律人的这种“征服”气质，源自法律人的思考模式。

法律人从来不是“闭门造车”之徒和无中生有之辈。法律人惯常的行为便是“以事实为根据，以法律为准绳”，通过对法律法规体系梳理后，在缜密斟酌、加以归纳或演绎后进行有效选择适用的基础上构筑“事实城堡”。

唯有如此，才经得起事实的诘问、法律的推衍，而不至于随心所欲，临时抱佛脚地仓促应付。

三、破解：以经验为道术

美国的大法官霍姆斯曾说，“法律的生命不在逻辑，而在经验”。此话已成为法律实务界的经典名言，常为法律人所道。

律师在处理法律事务的过程中，除仰赖专业的法律知识外，还需在个案的执业经验中使法律实务方面的素养得以积累和提升。

律师行业与大多数行业一样，随着从业年限的增长，经验自然聚沙成塔。虽然成不了“独孤求败”，但也能成为某些方面出类拔萃的人物。

基于经验的积累，在解决各种复杂事件时，就会显现出“姜还是老的辣”的优势，容易找到解决问题的要害，破解所面临的难题，将“危”转化为“机”，这或许与法律人的厚积薄发有关。

四、扭转：以综合素养为依归

古诗云，横看成岭侧成峰。不同主体，以相异的视角、立场审视同一事件，所看、所思、所想定然有所差异。若能综合各方意见或建议，自然便于透视其中的是与非、对与错，从而形成较为周全的结论。

在执业过程中，律师虽不断遇到“新纠纷”“新矛盾”，但也在不断推陈出新解决问题的方式方法。尤其在遇到某些紧急法律事务必须在较短的时间内加以理顺、处理完毕的时候，更彰显了律师的随机应变、处变不惊的胆识与智慧。

律师在诸多群体中更见长于其综合素养，这与律师所从事的专业，每天接待来自五湖四海、形形色色的当事人，处理行业跨度广、错综复杂的法律事务等不无关联。好比金庸笔下的令狐冲，虽经历各种磨难，各式罕见病毒侵扰，遭致数次生死轮回，但终究铸成百毒不侵，功力与日俱增。

当然，不是所有律师都能在“危机公关”中化险为夷，扭转乾坤，但至少在“危机公关”中所扮演的角色越来越不可或缺。

辑　三

律师的思与行

篇
一

律师别解[①]

汉字“法”的渊源极其久远，具体什么时候，由谁构造难以考证。据《说文解字》所载，“法”的古体字为“灋”。“灋”，刑也，平之如水，从水；廌，所以触不直者去之，从去。[②] 廌是一种神兽，它“性知有罪，有罪触，无罪则不触”。[③] 对此，胡云腾先生认为，“我国古代的灋字并非指成文的法律，而是古人将公正司法铸入‘灋’这个象形文字中。其中，‘氵’代表司法的公道、公平，‘廌’代表法官的正直不阿，‘去’代表没有道理的当事人就让他滚蛋。因此可以说，‘法’最初起源于司法活动而不是生硬的法律条文。但是，后来为什么‘廌’没有了呢，据我推测，极有可能是这位廌兄办错了案子，人

① 于 2016 年 7 月 28 日发布于《无讼阅读》。

② 参见张中秋、杨春福、陈金钊:《法理学——法的历史、理论与运行》(第 2 版)，南京大学出版社 2001 年版，第 130 页。

③ 张文显:《法理学》，高等教育出版社、北京大学出版社 1999 年版，第 43 页。

们让它也滚蛋了”。[①] 当然，这种说辞不免有些诙谐，却道出了“灋”鲜为人知的生动含义。至少“灋”产生于司法活动的推断还是有其道理的。

既然“灋”产生于司法活动，那么在司法活动过程中，哪些人应当参与？哪些人不应当参与？参与者角色如何确定（因为角色不同，立场就不同；立场不同，所起的作用自然有别）等问题不无疑问。虽然难以还原最初的司法活动，但可以推测在司法活动演进中，除一开始仅当事人和担当裁判的“廌”兄外，后来渐渐有了“雄辩家”“代理”“辩护”等角色参与司法活动，以帮助当事人申辩或协助“廌”兄办案等。唯有疑问的是什么时候出现律师这样的角色。但律师终究是出场了，从而形成了较为成熟的司法活动。[②]

问题是为什么叫“律师”，而不是“法师”或“律官”呢？英语称律师为“lawyer”，是经由 law 演变而来。从法律到律师的变化，无

---

① 胡云腾:《错案防范与司法问责刍议》，载《中国法律评论》2014 年第 2 期，第 15 页。

② 律师阶层或职业又是如何形成的呢？据史料记载，西方国家的律师制度，历经公元前 5 世纪至 4 世纪的古希腊雅典“雄辩家”，据说此为律师制度的萌芽，而古罗马律师制度则为律师制度的初级形式，到了公元 5 世纪，日耳曼人侵入西罗马，欧洲步入封建社会，这个时期，由于诉讼制度废除了辩论式诉讼形式，取而代之的是纠问式诉讼形式，从而律师职业没有生存空间，一直延续到 13 世纪末，才有所改观，律师职业才重见天日。至于我国律师制度则是清末才从西方引进形成，此前，虽然有类似代理和辩护现象，却与后来的律师制度大相径庭。参见肖胜喜:《律师与公证制度教程》，中国政法大学出版社 1999 年版，第 3 ~ 11 页。

非是在 law 后面加上了“yer”，是否意味着律师是法律的主人，或寓指懂法的权威人士或以法为职业的人？对此，笔者无力探究造词缘由，更无法推断造词之意。但从客观论，律师对法律的诠释也算一种造法的活动，至少从法律适用、解释角度延伸并推衍法律的演进，而不是机械、按部就班地运用法律。从逻辑上，欲从事“代理”或“辩护”的前提条件必须懂法，否则，谈什么运用专业知识帮助他人？！

事实上，“灋”本来就是从习惯到习惯法，从不成文法到成文法的自然演进。一方面“灋”的产生有其自身的“历史生命”，另一方面“灋”的普遍适用需依赖政府制定法律并颁布实施。因此，作为善断案件的裁判官，自然有着“近水楼台先得月”的优势，即“廌”须优先掌握法，并善用法判断是非曲直。

因“廌”对法的垄断或优势地位，难免可能会出现不公正的情况，探究其原因：一方面可能因当事人不懂法，另一方面因缺乏监督或制衡机制，同时法律规范尚未进入公众视野，即原本属于“公共”领域的司法活动俨如统治阶级私设公堂，演变为“私的场合”。在这样的情势下，自然难以避免一桩公共事件进入私的领域将面临怎样的“暗箱操作”或人为的操作空间。于是，对如何控制，或防止“暗箱操作”便逐渐提上日程，亟待引入第三方参与司法活动，让司法活动恢复其当然之义。

不过，并非每位当事人都知晓法律或懂得运用法律，从而需要他人协助其申辩。这时，有较当事人更"专业"的人介入，客观上见证或督促司法活动，让司法活动在阳光下运行，不再神秘。如此，司法活动的"二元主体"（法官和当事人）不攻自破，形成了"三元主体"（法官、当事人及律师），让司法活动愈加公开、公正，形成理性对抗。只不过，随着社会历史的演进，律师经历了从业余、陪衬、协助、从属地位到专业、独立、自由、相对自我的过程。

法为"廌"所属。那么作为律，则为"代理""辩护"所生。汉字"律"，据《说文解字》解释，"律，均布也"。"均布"是古代调音律的工具，把"律"解释为均布，说明"律"有规范人们行为的作用，具有普世性，能得到人人遵守的规范。从《尔雅·释诂》中可以了解到，在秦汉时期，"法"与"律"二字已同义。《唐律疏义》更明确指出"法亦律也，故谓之为律"。把"法"与"律"连用作为独立合成词，却是在清末民初由日本输入。[①] 事实上，律除了规范、规则而言，更为重要的是为我国古代审定乐音高低的标准，把乐音分为六律和六吕，合称十二律，同时也是旧诗的一种体裁。[②] 由此，"律"有协同、步调一致、和谐、韵律、乐音等意思。

---

① 参见张文显：《法理学》，高等教育出版社、北京大学出版社 1999 年版，第 43 页。

② 参见《现代汉语学生词典》，延安人民出版社 1996 年版，第 706 页。

从这个意义上，“法”与“律”协同，而“廌”与“师”共处，才能促使：

1. 法的公平、正义价值“接地气”。试想，在“律”缺失的前提下，“氵”自然因容器的不同而呈现各异。此时，“灋”的公平、正义无非成为“止渴”需“望梅”以自欺，如此则难以发挥公平、正义功能，最终将沦落为肆意妄为。

2. “廌”的秉公办案。“廌”原本是断是非曲直，但若在“师”缺位的环境中，“廌”便难以做到“慎独”，难免随心所欲导演出一幕幕审判的闹剧。由于司法活动未置于公众视野，因此，一味轻信“廌”兄的居间裁判则未免过于天真！这里，不仅涉及“廌”兄个人道德秉性或徇私舞弊的考问，而且还牵涉到“廌”兄的立场问题。试想，“廌”兄吃的是皇粮岂能为民倾斜（所以依法独立行使司法职权迫在眉睫），总得听命“主子”的授意或特意安排，这或许也是屡屡上演“葫芦僧判糊涂案”的缘故吧！

3. 庭审活动过程中的相互制约与制衡。当审判员、当事人、律师均出现在司法活动中时，有助于当事人知晓法律和明白自己的权益。无论审判员处于何种优越、强势地位，至少也需顾忌，毕竟在司法现场的不单是当事人和手握司法大权的“廌”兄双方，还有或多或少懂点法律，清楚审判程序的律师！毕竟律师是司法活动的参与者和专业见证者。因此，审判员再也不能如神明裁判般装神弄鬼，独自编剧，无所顾忌地唱独角戏了！同时，律师一方面起着协助当事人主张权益的作用，另一方面也起着对抗审判员滥用法律或职权的作用，促使司法活动在法的界限内展开，而不是任由审判员自由发挥。

4. 动情晓理，鞭辟入里。良性的司法活动在于围绕事实，结合法律加以揭示或剖析，从而言明事实与法律之间的关系，尽量还原事实真相，准确适用法律，使各方就事实和法律的理解愈加深入，析出法律与事实的筋骨联系。

由于“法”的诞生和实施具有强制力，体现统治阶级意志。那么作为强制力的“法”，自然不能如脱缰的野马，必须套上“缰绳”，才不至于狂奔乱跳，偏离驾驭者预期的轨道。因此，“律”自然调和与规整“法”在人们期望的界限内展开其功能与作用，同时，在专业人士“师”的运用和发挥中，得以矫正和充分发挥。

故，“律”与“师”天然相依，相互契合。借胡云腾先生戏说的，“鹰兄”因办错了案子，人们让它也离开了，这或许就是律师在场的结果，否则，外界人士怎能知道或判断“鹰兄”办案水平？而身为律师，也只有达到堪任“师”的标准，才能克己守“律”，循规弘“法”。

篇二

忆律师执业出道时[①]

笔者从事律师职业已10多年了，但忆起刚出道的光景，仍心有余悸。

一、不知深浅

16年前，很幸运获得从事律师执业的“资格”。在那个年代，加之年轻气盛，大有“老子天下第一”的雄心，自以为获得了“资格”便当然是律师，便当然能做好律师，好做律师！但事实给笔者当头棒喝，原来律师并非想象中那么简单和美好！

二、投门无望

既然打定主意做律师，自然需要进入律所实习。原本和某家律所主任说好，由主任做我的指导老师。有道是，说得比唱得好听。到了律所，便无人问津，散漫自由，好比一位武林高手，天天摩拳擦掌，

① 于2016年7月28日发布于无讼阅读“夜聊会”。

却没有用武之地。所以整天无所适从，不知道干什么，也没人指点和引导。

且在那个年代，拜师学艺是不能向老师索要报酬的，因此也没有任何薪资保障，更谈不上待遇。

看书吧，已经看了几十年了，不知道看哪些书才匹配做律师？好比闭关修炼了数十年的功夫，总得下山检验检验。不看书又能做什么呢？因刚到律所，他人没有提供操练机会，自己又没有能力创造这样的机会，自然漫无目的，我行我素地做“自认为的律师”。

过了一段时间，主任终于交办了一件小案件，标的大概是 30 多万元的混凝土买卖合同纠纷。因案情简单明了，所以对方并没有“负隅顽抗”，最终以调解结案。

虽如此，但开发商并没有按生效调解书履行支付价款义务。后来，迫使我方只能申请强制执行。由于开发商过于精明，申请强制执行后也无济于事（笔者注：因为那时候，还未建立限制消费令、黑名单等制度）。于是，指导老师要求笔者天天去被申请人办公室，死缠烂磨促使对方支付款项。

俗话说，精诚所至，金石为开，就这样连续守候了近 3 个月，最终被申请人被笔者的“执着”征服，缴械投降并支付了全部价款。

俗话说，不打不相识，也因此与开发商的中高层成了朋友。

三、野蛮生长

虽然从业的第一桩案件结果还算令当事人满意，对笔者而言，却犹如遭受了凌辱。因心目中的律师还停留在我国香港地区影片中“律师庭审记”的风光，但到了个人从业时，却成了社会上的讨债混混——这样的反差犹如坐过山车，从腾云驾雾的云端被拉回了骨感的现实。

满以为有了这次初战告捷，指导老师会给笔者更多机会，哪知此案也成为笔者实习期指导老师交办的最后一个案件。印象中，这个案件是风险代理，按协议约定当事人应支付近 10 万元的律师费（笔者注：在 2003 年，这算是丰厚的律师费了），满以为指导老师会好好犒劳“首立战功”，可最终只获得 2000 元奖赏，连我的成本都无法弥补。

作为刚出道的律师，深知关键不在收入，而在学本领。但没有具体案件交办，如迷途的羔羊，整天雄心万丈却无所事事。为了解决案源问题，降低这种依赖感，只能个人创造机会认识更多的人，比如坐公交车，甚至买小菜时，满脑子都在寻找机会推销自己，伺机递出名片。至今，想起来都脸红，觉得律师还不如某些社会不齿的职业优越，毕竟他们还可以“待价而沽”，坐等上门。

四、出师未捷

就这样，月复一月，偶尔也有人来咨询。由于没有积累一定的经验，每逢当事人来咨询，好比叶公好龙，忐忑不安。亦犹如情人相约，见面前的心神不定、心血来潮的慌乱感觉。

俗话说，“丑媳妇总得见公婆”，待见面时，又无厘头东拉西扯一番，根本不得要领。对见多识广的当事人而言，一看便知是“小鲜肉”，能白嫖就白嫖了。

艰难地熬过实习期，后来换了一家律所，虽然每月可以领“微薄俸禄”，但仍是野蛮生长。在这样的情势下，开始质疑个人与律师业之间是否适合，是否出头无望？

五、梦想的力量

经过了惨淡的入门体验，渐渐有些踌躇不前，犹豫不决，琢磨律师业与笔者何干？究竟能否坚持走下去？不单单是个人质疑，就身边不少同人都觉得像笔者这样的角色（不善言辞，不抽烟，不喝酒，如何能打动当事人）怕是难以胜任律师的，最好进高校潜心学术，安心自在。

一开始，笔者也觉得这种建议在理，但出于职业情怀的坚持，还是毅然选择继续做律师。这不光是自由职业的魅力，更念念不舍的是法律人的那份正义担当与坚守。当初选择法律专业，不就是为了让更多的人免遭不公，令更多的人感受公平待遇吗！

这些年，一路走来不就是靠星火微弱的“梦想”点亮前行的路么！也越发坚信专业才是安身立命之本，当深究专业做到个人的极致，案件的结果也就不那么重要了。

有了这样的信念，加之个人情商过低，交际多盲，唯有看书学习，善于思考算是长项。就这样，笔者在专业的道路上潜心修炼，执着追求，将实务作为研究法学的素材，将执业过程中遇到的各种问题作为叩开学术之门的钥匙，如此，岁月虽流逝，功底却稍长。总之，一路走来，在追求学术的路上，多了些体验；在律师的专业塑造方面，也充满信心。感恩岁月的雕琢，让笔者明白了以专业为鹄，精进修炼的律师学问。

此时此刻，更加明白“世上无难事，只怕有心人”的真切含义。

无论刚出道的伙伴还是在行业中争渡前行的同人，只有坚持、坚守，梦想方为你敞开大门！

篇三

谈及律师工作，也言及处事态度

谈论这样的话题，未免过于宏大叙事，令人惶恐不安。可对笔者而言，算是习惯性的一种反思。我们都熟知，职业自然属于生命的一部分，而生命也需融汇在职业过程中呈现，犹如果树需历经自幼苗渐渐成长，然后才能开花结果，通过职业历经，从而趋于成熟，更显风华，愈加丰满而厚重。

一、不敢懈怠

这些年，无论是同人、朋友，还是客户，都给予笔者不少称赞。说笔者精力过人，勤奋有加，略有“俯首甘为孺子牛”的做派。暂且不管这些赞誉是真心，还是假意。个人也深知，他人赞誉的与实际所做到的，两者间存在明显的差距，觉得自己做得还远远不够，仍需不断改进及提升。

做律师这些年，笔者不敢有丝毫懈怠。每遇一事，神经紧绷，深知责任重大，自然不敢稍有松懈；每遇法律问题，总觉自己掌握的法律知识不够，还很无知，仍是“门外汉”。

熟悉法律的人或许知道，法律讲究的是严谨、细致。这活计来不得半点儿虚晃，而所遇的法律问题，也已不似法制初期的年头，较为单一，较为浅显，现时的多半错综复杂、盘根错节，稍不留神难以厘清头绪、梳理脉络、分辨是非。加之，法律门类也越来越繁，法律规定也越来越细，各种政策、司法解释时常颁布。这些规定必然要求法律人务必践行古人所说的“作新民”的训示，务必不断积累，锲而不舍地探究。同时，当事人的期望和法律的认知，也越来越高。作为律师，稍有懈怠，便可能遭遇他人否定评判，遭人不屑。

二、勤能补拙

做律师这些年，笔者不敢片刻生“养尊处优，孤芳自赏”的念头。从业近 20 年，养成了几乎“三更起，五更眠”的晚睡早起的作息习惯。此处，绝不是“王婆卖瓜”说说了事，至少可从个人已发表的些许文字和几乎没有间断过的每日微信朋友圈便可证明。

古人说，早起的鸟儿有虫吃。这也是自小受父辈教育所获得的。后来上学后，也常常受益“一日之计在于晨”的教义。当然，这些道理，几乎也是妇孺皆知的。不过，自幼到大，我们所知道的道理多了去了，可又有多少人付诸了实际行动呢?

殊不知，知道、懂得而不去笃行，是难有真切体会和半点收获的。

笔者自知，没有过人的精明，越人的智慧，只有受之父母的平凡肉身注定只能在俗世中平凡度过一生。因此，除时间可以自我相对主宰外（其实，现实往往身不由己。有时候，看似属于个人的时间也是不能完全属于自己的），在这无常的俗世中，算是较为彻底的“无产阶级”了。

越是如此，笔者越深知，只有通过（超越他人的）“勤”才能“补”（个人先天的）“拙”。以使自己尽可能在各个方面有所增益，努力做到“天天向上”。就个人而言，既然不能如明星般靠俊俏的脸蛋获得较佳的社会地位，不能如演员靠演技赢得卖座，不能靠祖宗荫蔽过殷实的日子，就只能埋头苦干，撸起袖子务实去干，只有通过超出常人的努力，才能养家糊口。

当然，这样的努力难免滑向令人厌恶但又不得不陷入各种无奈的“争”“斗”场景。当然，这种“争”“斗”不似官场小说、宫廷剧中所展现的“心机”“心计”，而是通过持续不断向上提升个人能力，才能精准把握法律实务，诊断法律问题，从而更好地维护当事人的合法权益，以此“蓄势”，便于随时“待发”。

三、反思进取

做律师这些年，没有一日不战战兢兢、颤颤巍巍。个人害怕因取得那么一丁点儿“成绩”，便沾沾自喜，骄横自誉。

律师行业，不似某些行业，可以寻找到一劳永逸的法子，更不允许“不学无术，自以为是”的自欺与他欺。

笔者时常旁敲侧击地请问身边的同人、家人、朋友，甚至不耻下问于几岁的孩童。就工作、生活、待人接物、家庭琐碎事务、陪伴孩子等方方面面，力求做到“见善思齐”“见不善而自省”。

古话说，人无完人。可咱们不能以此就可以放纵，任其自然发展。好比负责的园丁突然对园中植物不加修剪，任由其生长，这样下去的结果可想而知。古人早就告诉我们，要真心诚意、格物致知，不能塑造完人无须沮丧，更不用绝望，而须努力改过自新，向善而生。

作为律师，每日的进与退，得与失，是与非，对与错，与我们所作所为密不可分。正如清颜元一派所主张，学问固不当求诸冥想，亦不当求诸书册，唯当于日常行事中求之。虽然此话颇有争议，但日常行事须务实则为必然、必要的。

梁启超先生在其著述《清代学术概论》中记载，吾学病爱博，是用浅且芜；尤病在无恒，有获旋失诸……此番话相距今日，或许久远，但其意犹在昨日，正语中今人现状。作为法律人，自然也囊括其中。天下人皆知法律专业精细化分工之必然，但行动者并不多见，这就是当下执业群体之病。笔者于从业初，便意识到了专业定位和积累历练的重要，但碍于行动迟缓，直到近些年，才初见成效，偶有所获。

欲建构专业槽，不妨多点顾炎武式的研究方法，比如，“一曰贵创……炎武所著书，可决其无一语蹈袭古人……近代文章之病，全在模仿……二曰博证……学有本原，博赡而能贯通。每一事必详其始末，参与证佐，而后笔于书，故引据浩繁，而抵牾者少……三曰致用……”法律实务尤其需要顾炎武先生这般研究方法和研究精神。

反思是自我成长的一面镜子，更是自我助益的良方。每每通过反思，查漏补缺，检点是非得失，从而减少贪嗔痴慢，不至迷途，可避免积重难返的局面。

这些年，笔者渐渐通过前述的“一正一反，一前一后，一与多，是与非”的思维锤炼，修正、修补日常所思、所为的不足，以求做到“苟日新，日日新，又日新”，以不负众望。

篇四

尽人事，自有天命

就个人律师执业本身，笔者不敢说“自信”“得意”的话，但回忆当初出道择业时，确实有着“舍我其谁”的雄心壮志，有着“自信人生三百年”的豪情，因此，有着用不尽的“书生意气，挥斥方遒”。

作为过来人，不妨与打算进入律师队伍的法律人说说当年求职的那些事儿。

一、苦练内功，成事在己

古语有云，凡事预则立，不预则废。无论做人做事，首先需要做好这个“预”，否则，随波逐流，人云亦云，岂不落入“邯郸学步”的角色，这样的人生又有什么意义呢？

我们时常说，机会常常垂青有准备的头脑。如果没有做好未雨绸缪，没有充足时间“磨刀”，自然不能从容应对所面临的境遇，更遑论抓住稍纵即逝的机会了。

因此，作为法律人，无论选择何种职业，都需要毫不犹豫提前规划，花工夫夯实法学基础，提升法学、人文素养，将个人练就成“铜墙铁壁”，做到如佛教高僧修行般精进，如此定然有所作为。否则，若一知半解、浅尝辄止，将难有作为。

二、必修、选修协调，合理搭配

作为法律人，钻研法学自不待言，但不能“只见树木，不见森林”。摄取知识的过程犹如身体健康成长的过程，绝不能偏食、挑食。否则，势必导致营养不良。

作为法律人，自然应将“政经法、文史哲”熔为一炉，不可偏废。除此之外，光有专业或严肃的书本知识还不行，还需针对性地浏览社会知识。比如社会礼仪、行业商情、求职之类的书籍，以积累社会知识，增长见识、提升综合素养，不至于陷入除专业知识外，一无所知的境况。

总之，读书学习不过是为生活服务的，生活才是人生的主题，切不可陷入知识的牛角尖不能自拔。

三、“走出去，迎进来”的策略

仅有本本主义，断然是不能妥善解决现实问题的。如果想找一份心仪的工作，就需要提前去职场感受感受，尤其要充分把握好实习机会——不仅是检验书本知识消化程度的好坏优劣，更是切身感受“世事洞察”“人情练达”的好时机。

同时，实习期没有强烈的生存危机感，只不过是学校生活的见习，或者不过是工作体验，这多少带点刘姥姥进大观园的无知与蒙昧感觉。如果运气不坏，指导老师与周遭的人都不会以职场标准衡量，更多是包容与无私指导。这被不少人称为进入职场前的“最后狂欢”。所以，需要好好把握并珍惜——不少人在实习期就决定了后续的职业生涯和命运走向。

除此之外，不妨去人才市场亲自体验、熟悉招聘环节，了解雇主通常所关注的话题，作为应聘者应如何有艺术地应对等。

回想当年，笔者为了熟悉人才招聘流程，亲自前往人才市场参与应聘。针对雇主所关心的和可能涉及的敏感棘手话题，经反复锤炼，仔细推敲琢磨，形成了一套流畅自如的应对方案。

总之，万变不离其宗，只要把握好核心要点，应对招聘，小菜一碟。

四、自信人生，运筹帷幄

有了前述的内外兼修，应聘的命中率自然也就不在话下了。

作为雇主，无非是寻求人品正，业务专且精，有胆识，有担当，有责任，能吃苦，能包容，善沟通且协作的员工。

作为应聘者，就需要集中在雇主所关心的话题上充分展示与推销自己。既然立志做律师，自然需集中在“嘴巴子”和“笔杆子”两方面，前者需要“能说会道”，比如，如何简明、有效地进行自我介绍；就某些法律热点问题能否形成自圆其说的个人之见；有无即兴演讲的能力；沟通交流方面能否做到自信、逻辑清晰、流利、观点鲜明、不激不励；在写作方面，有无发表过的作品，对常见的法律文书能否信手拈来等。虽然这些都是基本功，但如果没有长期的训练和有意识的锻造，是难以从容驾驭与应对的。

当然，上述是个人之见，是笔者从应聘者到招聘者的体会和认知。

俗话说，人上一百，形形色色。谁都不能以一概全，同时，也免不了机会捉弄命运的一面。另“萝卜白菜，各有所爱”，谁又能将个人的价值观强加于人呢？黑格尔说一切存在即合理。关键看你能否抓住这里的“必然性”逻辑！

最后，借用康德的名言，即“世界上有两件东西能够震撼人们的心灵，一件是我们心中崇高的道德准则，另一件是我们头顶上灿烂的星空”。以此送给即将步入律师界的法律人。

篇五

地域决定律师的执业前途[①]

执业地域对律师发展前途的影响到底有多大，可谓仁者见仁，智者见智。从兵家角度考量也举足轻重，影响深远，尤其是我国“地大物博”，区域性差异明显。选择何处执业对每位入行的律师而言，意义非凡。

不少同行也认为，选择了“优势”地域就意味着占据了执业竞争的“高地”，若选择妥当，自然事半功倍，荣誉、财富得来不用费太多工夫……

但就本人这些年执业经验而论，地域虽重要，有时候却显得无足轻重，实在不可盲信。接下来，笔者简要说说个人的看法。

---

① 应邀参加 2016 年度的“无讼夜聊会”，那期主题为“律师执业地域的选择”。笔者欣然与各位同人探讨、交流而形成此文。

一、言必称占据“北上广”高地的“梦魇”

但凡对律师行业有点了解的人都知道，若选择了北京、上海、广州等地域，自然“不畏浮云遮望眼”，便于自我“包装”，擅长说“故事”，轻易辐射全国。

不过，这样的想法很可能成为一厢情愿的“如意算盘”，能否对其他地域，乃至全国产生影响，不是简单取决于是否置身于“北上广”，而是看个人内功修炼是否“到家”。如果没有在某个领域练就一身过硬的本领，想“挟地域以令诸侯”是难以如愿的，尤其想长时间“令诸侯”就更难于上青天了！

当然，地域间的差异所带来的机会多寡肯定是不一样的。同时，所接触的法律实务的多元性、前沿性、挑战性等也有较大差异。从这个角度，选择“北上广”执业对律师，尤其是年轻律师的成长自然大有裨益，也更具有利条件。

虽如此，但并非对所有人都奏效，犹如橘子之于淮南淮北。在哪执业，还得根据个人的实际情况进行合理选择，人云亦云，终致“邯郸学步”就遗憾了。

二、“天时，地利，人和”固然重要，但切忌神话

孟子说，天时不如地利，地利不如人和。尤其在人情因素影响深远的我国，就天时、地利、人和三者选其一时，自然“人和”为先。

就律师业而言,“天时”不是我们普通人能决定或改变的，只能顺势而为。地利、人和是个体可以根据自身情况自由选择的。但两者之间,“人和”自然更受人重视。

因此，律师执业往往考虑更多的是“人和”因素，主要体现在两个方面，第一,“人和”存量在哪里？第二,“人和”增量在哪里或如何建构“人和”城堡？

虽然“天时、地利、人和”尤为重要，但不过是“外因”而已。我们固然要重视它们，但断然没有“神话”的必要。哲学思维告诉我们，内因才是决定因素。所谓万变不离其宗，尤为核心的是“君子务本”的自我修炼，而不是一味假借外因。

三、“内圣”才能“外王”，褪掉“花花世界”的色彩

说一道万，地域固然重要，但不过是外部环境而已。这对律师事业而言，不过是一个小环节而已。选择了“北上广”这样的一线城市，纵然从眼界、视野、实务磨砺等方面取得了“捷足先登”的优势，或占据了执业的“诺亚方舟”，但这不过是起点的参照而已，要知道，律师执业犹如马拉松比赛，关键要看能否坚持不懈，持之以恒。否则，中途就得铩羽而归。

老祖宗说，内圣外王。就是倡导道藏于内心或养圣人之德，以此达到“外王”。这里仍然绕不开“自我加持”“自我修炼”！所以，身

为律师，能够选择更好的平台固然好，若不如愿，不妨埋头苦练内功，同样能“殊途同归”，追求到理想的职业境界。

四、总结

就个人而言，当初背井离乡，只身来到云南，两眼一抹黑。不仅家人，就连不少亲朋好友都觉得不可理解，居然离开各种条件都较好的重庆，来到陌生的西南。无论从生活、居家还是工作等，都是大忌。但笔者就这么任性地过来了。通过这些年的打拼，算是赢得了执业的丁点儿“方寸之地”。

其间，虽然有北上广的一些律所抛来橄榄枝，但笔者还是喜欢“采菊东篱下，悠然见南山”的平民情怀，自然也就婉拒了各方盛情。目前，笔者也乐于耕耘自己的“一亩三分地”：结合个人的情况，兼顾区域发展，着手打造个人的专业槽，期望将所学所用帮助到周遭的人，也不算枉来云南。

总而言之，地域对律师执业固然影响巨大，但相较专业的建构而言，孰轻孰重自然不言而喻。如果能兼顾地域与“人和”，且找准个人的专业定位，然后纵深挖掘，做好专业槽的打造，律师执业也算是能够“一马平川”，风景独好！

篇六

知不可而为，为而不有

笔者做律师近20年了，回顾走过的历程，从懵懂的青年步入到了“不惑”的中年，从执业学徒到实习律师的指导老师，从律师执业之初的一筹莫展到如今律师实务的轻车熟路，从囿于法律教条到谙熟法的理念与精神。这期间，笔者经历了不少波折，也泛起了不少波澜。

无论作为学徒的当年还是作为执业指导老师的今天。作为一名老律师，多少有一些经验、感悟同初涉律师职业的年轻的执业律师分享。在此，笔者简要说点儿个人的真切体会。

一、君子务本，本立而道生

“君子务本，本立而道生”来自《论语·学而篇》，意思是说，君子要注重根本，根本确立了，道自然就生发了。借此想表达的是，无论是做律师还是做其他行业，做人是最根本的。

生活中，人们常说，“做人成功才是真正的成功”，仅仅“做事成功”算不得真正的成功，且做事的成功往往会稍纵即逝。连一般老百姓也深谙做人是根本的道理。身为律师，我们所面临形形色色的人，所处理的事往往牵涉亲情的分离别合，个人身体的残缺健全，人情世故、金钱，各种权利或权益等，这些对律师个人或许无足轻重，但对当事人而言，往往“牵一发而动全身”，影响深远。

因此，如果作为律师，没有固守做人的根本，没有“克己”的修炼，没有旁观者的心态，往往会“泥沙俱下”、随波逐流从而乱了自己的心性，容易起“监守自盗”的念头。如此，不仅败坏了个人的名声，而且严重侵害了当事人的利益，为整个律师行业带来负面影响。

所以，身为律师，首先要修炼的是“内心”，打磨一颗不惹尘埃的心，一颗晶莹剔透的心。

二、知不可而为

“知不可而为”出自《论语·宪问》。原文：“子路宿于石门。晨门曰：奚自？子路曰：自孔氏。曰：是知其不可而为之者与？”意思是说，子路夜里住在石门，看门的人问：从哪里来？子路说：从孔子那里来。看门的人说：是那个明知做不到却还要去做的人吗？后来，常常指做人做事持之以恒的道理，进一步而言，人要有锲而不舍且孜孜不倦的执着精神。

作为实习律师，必然如《西游记》中唐僧西去取经，将会面临无数的磨难，但不能因为前行险阻艰难就退却，或寻求捷径。作为刚涉世的律师，定要有“明知山有虎，偏向虎山行”的勇气，迎难而上的信念，知不可而为的决心。

困难并非大多数人所认为的“逆境”，困难并非就是前行的阻力。古语说，“生于忧患，死于安乐”。这不就是告诉我们，困难是前行的动力吗？事实上，困难的确是每个人成长的一剂良药。

实务中，无论案件平淡无奇还是错综复杂，都会有不少“暗礁”。此时切忌浅尝辄止，不求甚解。作为一名老律师，笔者对此感触甚深。有时候，往往因为我们过于自信抑或自以为是，导致“一着不慎，满盘皆输”。这不和前段时间微信朋友圈所盛传的“人往往输在自己的优势上”有异曲同工之妙吗？

不少老律师时常感叹，做律师犹如开车，时间长了，反而更胆小，开得也就越慢。每处理一件实务，总如履薄冰，如临深渊。连老律师们都如此，何况实习律师呢？因此，律师需要有一种孜孜以求的精神，一种科学家探索、钻研的敬业精神。

三、为而不有

据说，“为而不有”系梁启超先生提炼的，是对《道德经》“生而不有，为而不恃”的总结。意思大致是说，做人做事不贪功，不为利，不求名。人的一生都需作为，需不断付出。律师要谨记尽量做

“手心朝下”付出的人，而不是“手心朝上”索取的人。只有默默付出，尽心尽力付出，站在当事人的立场思考利益是非，对错善恶，才能尽其所能，追求当事人利益最大化。

作为律师，原本就是为当事人提供全方面法律服务的，原本就是利用个人专业为当事人谋取合法利益的，因此，切忌表功，切忌取得一点成果便沾沾自喜，自恃其功。

尽量避免商业化的诱惑及商人思维的侵蚀。作为律师，服务是根本，为利不过是必然的或适当的回报。好比西方谚语，上帝的归上帝，恺撒的归恺撒。

因此，在律师的道路上，利益是非得分明，功过对错需担当。

四、“三定”规律

何为“三定”规律？就是定义、定位、定性。

第一，定义。笔者认为，律师就是“懂规矩”的职业。律师首先体现为一种职业，而不是执业。这体现在行业的区分方面，也是区别于法律共同体的界限划分。

第二，定位。笔者认为，“定位”实际上就是想做什么样子的律师。主要从两方面来看：其一，价值观的问题，要解决律师职业是作为生存手段，还是作为事业追求。其二，职业化标签问题。

第三，定性。主要从三个方面来看，首先，专业槽的打造。律师行业分工已经成为必然，因此，专业槽的打造势在必行。值得特别注意的是，实习律师应尽可能都接触各大门类性质的案件。只有多接触，多实践，才能慢慢发现自己的长处、优势和兴趣所处的领域，这对自己专业槽的定位有帮助。其次，律师执业的程式化。在收案、办案等环节都应该形成程式化，并且严格按照既定的模块向当事人提供菜单式、直观式、图文化等可视化的法律服务内容和流程。最后，律师风格。风格是品质、品牌力量的展示，律师应当对自己有全面的认识，然后塑造自己的风格。

五、总结

以上仅是做好一名律师应具备的基本要求与认知。

总而言之，做律师不是一件容易的事，除了上述内容，律师自身的教养，律师与当事人、与同行之间如何沟通，与有关部门如何打交道等都是很深的学问，非一文可简单概括了的。但对实习律师而言，如果能认识并严格做到以上几点，对想要成长为一名真正的、合格的律师也就行将不远了。

篇七

问道修德，反躬自省

对青年律师的培养和发展问题，笔者虽谈不上认识深刻，但这些年的确从未停止过思考和探索。在此，大胆谈三点体会，与诸君共勉。

一、青年律师得明白想要什么

我们究竟想要什么，想成为什么样的人，这与“我是谁”同样具有终极的哲学追问意义，也同样难有标准答案。

不仅青年律师一时半晌搞不明白究竟想要什么，就连笔者这样上了年纪的人也时常糊涂，无法确知自己究竟想要什么。虽如此，但这个问题若搞不清楚，对个人的定位与发展必是极为不利的。

在此，笔者简要分享杨绛先生笔下的一则故事，即“叫花子如何被赶出王宫的”（笔者按：这个故事的标题系笔者概括提炼的）。

“从前有个叫花子，他在城门洞里坐着骂他的老祖宗偷吃禁果，害得他吃顿饭都不容易，讨了一天，还空着肚子呢。恰好有个王子路过，刚好听到了叫花子的话，就把他请到王宫里，给他有吃有穿，安排妥当。最后，嘱咐叫花子说，你现在是我的客人，保管你吃得好、穿得好、睡得好，但有一道禁令，如果犯了，立刻赶出王宫。

于是，王子指指饭桌正中的一盘菜，上面扣着一个银罩子，说道，这个盘子里的菜，你不许吃，吃了立即赶出王宫。

叫花子满口应承着。几天过去了，心里总是痒痒地想知道扣着银罩子的那盘菜究竟是什么。又过了两天，实在忍不住了，心想：我不吃，只开一条缝闻闻。当他刚开得一条缝，一只老鼠直蹿出来，逃了……就这样，盘子空了，叫花子被立即赶出了王宫。"①

每个人对这则故事的解读必不同。此处，笔者想表达的是，"好奇心"的确是好东西，是促进人类探索的源泉和动力，但别忘记，好奇心也是有边界的。尤其在从事律师业的过程中，因职业原因可获得庞大的信息，甚至隐私，若我们不管束好"好奇心"，一味放纵，必将刨根问底，来个信息挖掘底朝天，此不仅对当事人不安，对律师自身也是如履薄冰、潜藏风险的。

俗话说，距离产生美。我们需客观看待、善待"好奇心"，不要纵容"好奇心"泛滥，以免殃及自身。

二、如何去成就梦想

俗话说，"我"是一切的根源，只有"内圣"了，才能"外王"。

---

① 杨绛：《走到人生边上——自问自答》，商务印书馆2016年版，第131～132页。

所谓打铁还需自身硬，在此，笔者借用《论语》中的三句话与诸君共勉。

（一）君子求诸己

儒家告诫，“君子求诸己”，即告诉我们为人做事需要内求，而不是外寻。作为生命个体，从出生开始，总是向外不断索取，总把外界或外在当成了生命延续的“源头活水”。

在这样的思维定式下，随着时日的演进，也就自然而然对外在或外界产生了严重的依赖，从而忘却了“本体”才是一切的根源。

因此，在个体生命存续中，需从一开始的“自动外寻”转向到“自觉的内求”，只有如此，才能印证、验证“本体”存在的意义和价值，否则只能成为依恋他者存在的“小人”。

身为律师，笔者这些年一直遵从儒家的教导，从己身出发，不断修炼，坚守“仁义”之本，践行“忠恕”之道，彰显职业（执业）的“利他”内核。

（二）君子不器

儒家言，“君子不器”，翻译为白话文是：“君子不是个东西。”君子自然不是东西，而是“人”。

作为律师，不能囿于“术”，而需探寻职业（执业）的“道”。只有触及“道”，才能脱身于案牍劳形，避免陷入具体事务中不能自拔，难以达到举一反三、触类旁通的状态。

（三）古之学为己，今之学为人

如今的“学”“修”仿佛都不是为己而行，而是投他人所好，附庸风雅，全然没有了个人的秉性和气质。

外界的可欲的确肆意泛滥，让不少人定力不够，按捺不住，更招架不了，便稀里糊涂地跟着酱缸中的“俗”随波逐流了。大环境如是，个体难免被裹挟，渐渐也就乐于邯郸学步、东施效颦，忘乎所以了。

越是这样的情势，越是需要我们守住底线，弘扬道与德，坚守求真、为善、行仁的修为，精进自我修行，以期道成肉身。

三、以什么状态去实现

世上无难事，只怕有心人。凡事怕“认真”两字。笔者认为，认真的最佳状态应为“痴状”。

此处，正好以冯友兰先生“认真钻研”的轶事为据。据金岳霖先生对冯宗璞说，在民国时，几位清华大学的教授从长沙往昆明，途经镇南关，赶往国立西南联合大学。“当时司机通知大家，不要把手放在窗外，要过城门了。别人都很快照办，只有你父亲听了这话，便考虑为什么不能放在窗外，放在窗外和不放在窗外的区别是什么，其普遍意义和特殊意义是什么。还没考虑完，已经骨折了。”这是形容冯友兰先生爱思索，较为痴迷的状态。他那时正是因为在思索，根本就没有听见司机的话。[①]

青年律师的培养与发展，来不得半点马虎。无论是带头人、引领者，还是青年律师自身，都得全身心投入，全力以赴夯实专业能力，提升法学素养，问道修德，精进攀援到专业和德行的“最高层”，从而实现“不畏浮云遮望眼”的境界。

---

① 参见宗璞:《云在青天——宗璞散文》，杨柳选编，浙江文艺出版社2015年版，第202～203页。

辑　四

律师服务的形与质

篇

一

法律顾问该为客户“顾问”些什么①

——以公司法律服务为视角

不少顾问单位或许有这样的感受，没有聘请法律顾问“心慌”，聘请了法律顾问“钱荒”。这里不是指“缺钱”，而是说请了法律顾问仿佛也没有起什么作用。比如，不少律师在提供法律顾问服务中仅懂得对顾问单位在经营过程中亮红牌或黄牌，即仅告诉当事人“这不能做，那不能做”。那请问，顾问单位究竟该怎么做或什么能做？

对顾问单位而言，请律师的目的是预防风险、控制风险或降低风险，而不是仅被告知“红线”在哪。其实，对“红线”问题，大多顾问单位自身也能“意识到”。因此，顾问单位请律师的目的绝不是简单地圈定“红线”，而是希望在这样的境况下，提出更好解决问题的方案或路径。

---

① 李承蔚：《法律顾问该为客户“顾问”些什么》，载《方圆律政》2017 年 8 月，第 38 页。

还有的律师虽然“身怀绝技”，但因时间不济往往“顾”而“不问”。甚至索性权当摆设，为顾问单位虚张声势而已。当然，这里自然也涉及律师的职业操守和职业精神。但客观上，也表明了当事人在选择律师时，不免有些茫然不知，或难以评判哪样的律师适合自己，抑或定位不精准。

其实，对顾问单位而言，律师的角色是举足轻重的，其至少可被纳入智囊团或参与决策。笔者曾在不少场合提及，律师的服务不只是参与诉讼，更多价值和作用体现在诉讼之外——这与法律的功能与作用及魅力有关。

笔者经过这些年的思考和实践，总结出律师至少可以为顾问单位提供“八大系统”的法律服务。

一、控制力系统：股权分配的智慧

笔者从业20多年，接触了不少公司。总体来说，公司的问题，不外乎“内忧”与“外患”。其中，“内忧”的核心问题在于“公司控制力”的争夺。

“人而无信”，相互间倾轧、掐脖子等情形仍存在，导致经济活动中出现“你死我活”“损人不利己”，甚至“同归于尽”等不正当竞争局面。公司的发起人或出资人之间也常常为“控制权争夺”弄得头破血流，互不相让，甚至你死我活，身败名裂。

对公司，打算长远发展，成为百年老店，须在股权分配上科学合理设计，周全绸缪，避免动辄陷入股东僵局，窒碍公司发展。熟悉《公司法》的人都清楚，持股比例多寡与公司控制权或话语权有着不言而喻的关系，不同的持股比例自然影响对公司的话语权和表决权。

其实，律师们往往将所持股比例为67%，或51%，或34%，或30%，或20%，或10%，或5%，或3%，或1%等视为影响公司经营决策的警示线。

进一步而言，通常情形持67%的股权对公司有绝对控制权，基本可以决定公司的命运，如修改公司章程，公司的分立与合并，主营范围的变更；持51%的股权为相对控制权，较为容易“合纵连横”控制公司；持34%的股权为牵制控制权，享有一票否决的权利；持30%的股权为上市公司要约收购的分界线，决定进退的分水岭；持20%的股权为同业竞争警示线；持10%的股权有权提议召开临时股东会会议或股东会，有提出质询、调查、起诉、清算、解散公司的权利；持5%的股权为上市公司重大股权变动警示线；持3%的股权有股份公司临时提案权；持1%的股权有代位诉讼权，也称股东派生诉讼权，可以股东自身名义为保护公司权益行使一定程度的调查权，并适时启动诉讼程序等。

但仅知道这些大的原则还远远不够，比如，股权激励如何设计，如何才能达到股权激励的目的，代持协议如何设计才能相互掣肘，如何才能不“为人作嫁衣”；持股比例和表决权究竟应如何扭顺，或如何进行差异化处理；认缴出资和实缴出资对股东的权益如何牵制；股东涉及离婚，其配偶是否必然有权分割股权，还是事先进行除外约定；股权是否可以继承等都需要周详的事先安排。

二、公司的平衡艺术：“三会一层”的治理结构

公司所有权和经营权分离早已在商事领域广为认知，即便有限责任公司，也存在不少股东未直接参与经营管理的情形，更不用说股权分散较广的股份公司了。

公司的投资人将公司的经营管理权移交给其他股东或股东以外的他人时，如果没有相对完善的治理结构，不仅容易诱发他人的道德风险，还可能纵容他人蓄意侵害公司股东或公司权益。正是基于此，《公司法》才规定了“三会一层”的公司治理制度，即股东会、董事或董事会、监事或监事会、中高管理层。

只是《公司法》大多是原则性规定，并没有就议事规则和现实中可能出现的情形作出明确规定。因此，针对具体的公司经营管理，便有必要进行明确约定，形成科学合理的治理制度，这样才有利于公司的稳健、持续发展。否则，若没有明确约定议事规则，便容易陷入股东僵局、董事僵局、监事僵局等，同时也容易诱发监守自盗的道德风险。

三、公司的软实力：人力资源库建设

公司的持续生产力不仅体现在硬实力上，更体现在软实力上，尤其是“人才库建设”或“人力资源库建设”。公司无论如何是离不开人的，若没有人，一切都是枉然。

因此，如何招人、用人；与劳动者建立何样的法律关系；如何吸引优秀的人才或留住那些为公司作出卓越贡献的人；如何细化劳动者管理制度，避免劳动者窃取公司的商业秘密，如何规定竞业禁止；如何解决劳动者离职不移交相应材料，甚至侵犯公司财产等问题需要法律顾问提供系统化的方案或服务，以保障公司稳健发展。

四、公司的财富积累：开源节流的税务筹划

此处的税务筹划不是一些人意识中的避税，更不是逃税，而是依法合规地节税。也就是说，通过现有的税收政策和法规系统梳理，对交易模式或交易形态予以合理设计，并进行反复论证推敲，通过减少交易环节，或运用国家税收抵扣政策、税务优惠政策进行通盘合理节税，从而降低公司经营成本，客观上增加公司收入。

常见的，比如股东向公司借款，若处理不好便视为公司分红，自然导致无谓的税收问题；股东虽然参与了公司经营，但并没有从财务角度体现工资发放，客观上自然导致公司或股东个人在分配红利时多缴纳税金；还有的股东以个人名义而不是设立项目公司购买土地使用

权，待事后处置时，面临高昂的土地增值税问题；等等。

因此，建立健全税务筹划系统是公司开源节流的较佳途径。

五、公司的资金保障：打通金融的“任督二脉”

公司天然青睐资金。有人将公司比喻为自然人，资金好比其血液。因此，公司欲健康发展，就离不开充足的资金保障。

前些年，不少公司非常自信，对金融机构嗤之以鼻，自以为是“不差钱的主儿”。谁料，这两年一些公司“一夜之间回到解放前”，此前的财富积累付诸东流。

公司融资贷款，在商业社会是尤为常见的，并不是什么见不得人或羞愧的事情。

一家公司的信用，一定程度上建立在贷款融资层面。当然，须遵守游戏规则，诚实守信、履行清偿本息的义务，否则，一旦失“信”，就没有“用”了。

因此，公司须建立健全资金系统，未雨绸缪地事前打通公司金融的“任督二脉”，建立健全公司健康运行的“血库”，以防不时之需。在这方面，法律服务人员会根据公司的实际和融资需要，建议融资的模式，比如是采取资产证券化、私募基金、银行贷款，还是发行信托产品等，或者通过增资扩股引进战略伙伴，或通过合并或分立等方式解决公司资金流的问题。

六、公司的健康肌体：扭顺、健全经营系统

公司是否能够长久发展，是否能体面地“生活”，关键在于主营业务是否健康有序。

不少公司存在经营误区，比如玻璃行业不少公司对外供货时，很少有签订合同，保留订单、出库单、入库单或签收证据的，较为乐观的就是保留最终结算单据；一旦发生纠纷，主张权益时，由于证据单薄，难以还原事实，自然给纠纷解决带来诸多弊端。摩托车行业也存在代理商之间交易过于简化等问题，不仅公司和股东身份模糊不清，而且大多没有签订合同，供货单、出库单、入库单等都缺乏，至多保存结算单，有的甚至结算单都没有，还有的将“欠条”写成“借条”。有的公司寄希望律师为公司提供经营合同范本，以为有“范本”便可一劳永逸，有时恰恰是作茧自缚。

这个时代唯一不变的便是“变”，所谓一切皆流，没有什么是永恒的。不仅法律法规在变，而且司法实践中，法律适用也会调整［比如，公司为股东融资提供担保时，如果没有股东会决议，此前的司法共识便认定为“无效”（笔者称之为“股东利益主义”），但近些年，司法共识以商事外观主义原则保护债权人利益（笔者称之为“债权人利益主义”），通常不以股东会决议为必要］，同时，社会环境、商业环境等外部环境也并非一成不变的，因此，仰赖合同范本想一劳永

逸，显然是痴心妄想。

除此之外，还涉及商业模式的合理合法论证、调整和优化；不能仅停留在静态的风险控制，还需要着力于经营过程的动态控制，只有静态和动态相结合，才有利于公司稳健持续发展。

因此，经营系统的全方位风险控制是法律服务的重中之重，尤其对初创期公司尤为重要——因这个阶段首先要解决的是公司生存的问题。

七、公司的形象设计：品牌建设

如果将公司理解为拟制的人，那么其形象与口碑尤为重要。公司的品牌建设涉及方方面面，得面面俱到。而品牌形象的塑造和良好口碑的形成也并非一朝一夕之功。这需要日渐积累，点滴而成。

对公司而言，无非在产品的品质或（和）服务的品质上下功夫，制定管控流程。同时，在各个系统的建设上规范有序，避免风控的盲点。

除产品或（和）服务的品质保障外，公司在经营过程中，也面临诸多潜在风险，比如员工工伤、安全事故、负面影响、知识产权侵权，等等。正如古话所说，人无千日好，花无百日红。此处，不仅涉及危机公关，还涉及法律风险防范等问题。

比如，公司股东间“内讧”，高管相互间“掐架”，服务公司在经营过程中，导致第三方损害时，如何展开对话，收集有力证据，开展信息公开，衔接媒体等尤为棘手，这就需要律师第一时间介入并提供法律咨询和指导，让公司化解危难，脱离困境，从而化险为夷，维护公司良好形象，同时，配合公司构筑权益壁垒于事前，化风险于无形。

八、公司的整体人格维系：财富传承

财富传承更多针对自然人股东。近年来，笔者身边的一些企业家因生病或天灾人祸突然辞世。由于事先没有就公司或个人名下资产做安排，导致公司或个人名下的产业陷入瘫痪，家人为争夺资产而反目，不少好的项目陷入绝境或径直流产。这些个案无不令人扼腕叹息。

根据20多年的从业经验，笔者时常向客户传递财富传承的意识，希望客户引以为鉴，并加以重视，在法律专业人士的配合下就个人的资产事先做周全安排，以防万一，让个人名下的资产得以保全。

作为成熟的法律服务人士，在为客户提供法律服务的过程中，至少应有以上“八大系统”法律服务的意识，并尽可能将该“八大系统”加以研发、细化，进而形成成熟的服务产品。如《三国演义》中，刘备三顾茅庐请诸葛亮出山，至少自刘备三顾茅庐至平定南中四郡期间，凡事均在诸葛亮掌控之中，预料之下，可谓神机妙算安天下。法律服务人员若能如诸葛亮一样忠实、专业、专注、勤勉，客户自然无忧也！

篇二

律师服务模式："八化"的精微妙用①

经过近20年的从业历练，结合听过、见过、感受过以及接触过的法律事件或当事人等，笔者认为，律师的良性稳健发展必然离不开专业化、团队化、规范化、流程化、产品化、可视化、信息化及主动化等服务技能、服务管控、服务载体及服务理念的方方面面。

一、服务技能：专业化

专业化是律师职业安身立命的本钱。其实，何止律师业如此，所有行业都必须在专业上显高下、见分晓。

不过，近些年，不少律师同人逐渐偏离了专业轨道，沉浸于"专业外"的侥幸或觥筹交错，乐此不疲。这或许与时代浮躁症，一切向"钱"看的观念密不可分。

作为律师，越是时代浮躁，越需要甘于寂寞，多挤时间专心于专

① 参见李承蔚：《专业化、团队化、产品化……律师业流行名词你都知道吗？》，载微信公众号"方圆"，2017年7月20日。

业，潜心于法律文本推敲，用心于遣词造句的锤炼。

只有专心了，才能有所突破，有所发展；只有专注了，才能摆脱浮躁气息的侵扰，才有所收获，让当事人感受到法律的力量；只有专业了，才能运用专业知识服务好当事人，才能具备在法治疆场驰骋的资本；只有成为专家了，才能帮助到更多人，惠及更多善心人士，让他人服膺专业，“安居乐业”。

加之，习近平总书记要求，全国政法机关要按照党中央要求，坚定不移推进司法体制改革，坚定不移走中国特色社会主义法治道路。社会主义法治的攻坚克难，少不了律师，尤其是专业律师的参与；社会主义法治的助力推动，少不了律师，尤其是专家型律师的兢兢业业；社会主义法治的扬帆起航，不断突破，更离不开律师，尤其是负有法治使命的律师们呕心沥血……

二、服务管控：团队化、规范化、流程化

（一）团队化

团队化是律师提供法律服务的必然，能避免律师单打独斗的不足与弊端，通过团队协作以解决律师个人的经验欠缺和精力不足等问题。

团队化就是律师兵团作战，破解个体律师“心有余而力不足”的现实困境，实现客户利益最大化。但团队化不是几位律师的简单拼凑

或组合，更不是为了忽悠当事人死拼硬凑的友情“出场”了事，否则，就沦为“团伙”，既然为“团伙”，迟早得散伙。

所谓团队，必然需“组团”才“对”，至少两位以上律师紧密组合，志同道合，智慧搭配，专业互补，才终究“团”“对”。组团可不是一蹴而就的，需要时间磨合、彼此感受、通过合作事务来考察。

笔者自从业以来不忘初心，一直在组建团队，然一直未能如愿达到理想状态，或许多由定位不准、自身对管理不擅长所导致。

不过，组建团队甚似找钟情的恋人，不仅需要那份“含情脉脉”的微妙感觉，更需要“道德契约”约束。而且需要“金钱诚可贵，案源价更高，若为理念（人品）故，两者皆可抛”的一致理念！人们不是常引用“你若盛开，蝴蝶自来”聊以自慰吗！

笔者坚信，只要你在路上，就会遇见与你理念契合且一路同行的人！

（二）规范化

其实，执业多年的律师，都有组建团队的想法或已经拥有了团队。但组建团队不过是“万里长征第一步”，还难以保障服务的质量或为客户提供优质的服务。

即便团队成员都很优秀，但如果不加以分工，有机调配，是难以提供匹配、高效、优质服务的。这涉及团队的管理问题。

不少人都懂得，即使将全球最美的身体部位组合在一个人身上，也未必能超过希腊神话的“海伦”。同样，纵使团队每位成员都很优秀、杰出，但若缺乏应有的统筹和角色定位分工，自然不能各司其职、各谋其事，也就不能建成完美的团队。

除有序调配人员外，在服务管控上必须规范有序。这不仅让客户感受到团队成员服务有序，而且感受到服务质量的一体化和整体人格，比如修改法律文书的规范、操作指引，而不是“东一榔头，西一棒槌”地胡乱敲打。

（三）流程化

规范化是流程化的前提，流程化是规范化的保障。比如，在服务客户过程中，第一，指定特定联络人，便于特定人员和当事人对接，不至于当事人找上门来相互推诿或口径不一致。不少当事人陈述，有法律顾问但往往顾而不问，遇到事情时，又常常见不到人；还有的就是团队成员反馈的信息五花八门，有的甚至是冲突、矛盾的。第二，固定邮箱收文、发文。通过固定邮箱收发文，保障服务的团队参与性、整体性、连续性和服务的及时性、有机性。第三，处理法律事务的模块化、步骤化。比如修改法律文书的有章可循；办理案件时，从制作方案，列明材料清单，起草法律文书，立案证据梳理，开庭前证据系统梳理、模拟法庭、代理思路，出现可能情形的预案及代理词等庭前准备，到庭后的跟进等，都需形成模块化、步骤化的思维，并加以实施。

只有通过流程化的设置，才能保障规范化服务，保障团队律师在学习与成长、沟通与交流、批判与砥砺中前行。

三、服务载体：产品化、可视化、信息化

（一）产品化

笔者经常和同人说，法律服务的"可视化"中最为核心的就是服务"产品化"。以前，觉得这样的想法很"荒唐"，心想法律服务如何能像有形的商品一样生产、流通？事实胜于雄辩，法律服务确实可以固化、有形化！业界已有不少律所推出了服务的"产品化"，算是法律领域探索"可视化"服务的先行者。

只是此前的律师业，不过是"小荷才露尖尖角"而已，而人工智能已形成如"蜻蜓早立上头"的局面。比如，处理民间借贷纠纷，对涉及的法律法规、司法裁判趋势、证据清单、方案的合理合法设计、文书的草拟、问题应对等形成服务指引，便于在提供法律服务过程中轻车熟路，游刃有余。

（二）可视化

不少当事人觉得律师服务特别神秘，难有真切体会和切身感受，更难以评价律师的服务情况，大多只能以"结果论英雄"。这些年，笔者一直围绕当事人的疑问进行探索和诘问。

其实，律师服务并非"躲在深闺人未识"。律师服务也是可以固

化、可以演示和为人所感知的。针对如何让当事人更好地了解、参与和配合律师服务，不少律师同人也进行了不同程度的探索和推动，有的律所已走在了前沿。

笔者觉得，可视化是律师提供服务的趋势，也是对律师个人和当事人负责任的较好形式，避免沟通不畅和信任度不高等问题。

当然，可视化的手段或方式方法很多，但万变不离其宗，可视化的前提是律师服务的产品化，可视化服务实施的手段是现有的信息化通道。

（三）信息化

产品化是可视化的“内容”，可视化是产品化的“载体”，信息化是可视化的“手段”。法律服务不能囿于传统的纸和笔，也不能津津乐道于“酒香不怕巷子深”的传统理念！如今的法律服务需要借助互联网，利用大数据，拓展人工智能，将各类信息采集、归纳、提升、研发，从而推出成果；同时，利用互联网的载体、技术优势，将个人心得、成果、优势加以推送，因势利导，广而告之。此外，还需借助互联网技术分门别类，加以整理，归口管理，增强服务可视化的优势，增添特色及鲜明个性；等等。

可视化的过程也是信息化的一种表现形式，而信息化的过程也是可视化的显现、提升及推动。

不仅如此，还需利用信息化加强服务管理，提升服务品质，拓宽服务外延，挖掘服务内涵，促使服务品质与信息化齐飞。

四、服务理念：主动化

前文“七化”固然重要。但说千道万，服务需要客户体验，随时随地能让客户感受这份服务才能接地气，才是硬道理。一切好的、美的想法或方案，如果没有人去实施、去行动，皆为枉然。

律师服务尤为如此。此前，笔者常常听当事人说，律师不过是花瓶，真有事情时，往往无能为力，甚至有的还“吃了原告，又吃被告”！此处，不论这些说辞的是与非，作为律师业一员，有必要反躬自省。古人说，“有则改之，无则加勉”！

律师行业中不排除确实有人“收人钱财，不替人消灾”（不是说，“有钱能使鬼推磨”的逻辑，而是从职业操守、职业精神角度审查，确实让人大跌眼镜，相去甚远），专业的好坏暂且不说，关键是，服务的态度不端正，服务的意识淡薄，服务的行动常常停留在“纸上谈兵”，少有冲锋陷阵，替人解忧的！对这样的服务，当事人自然是不满意的，原本期望律师能扭转乾坤或化险为夷，结果还会误自个儿事儿，这样的做法自然难以得到当事人的认可。

正因为如此，笔者这些年一直思考律师如何做好服务，如何做好过程服务，如何做好后续服务或“售后服务”。理论的探讨纵使百花齐放，理论的追问纵使豁然开朗，但没有扎根现实土壤，没有经过现实的检验，所思所想不过是天马行空，自娱自乐而已。

所以，归根结底，需要在服务本身上下功夫。对于当事人而言，原本对法律就知之甚少，或一知半解，如果由当事人事先过滤，再找律师把脉诊断，要么瞎猫碰到死耗子，要么病入膏肓、无力回天，要么小题大做、煞有介事……为了解除当事人疑虑，做到事前设防，事中跟进，就得主动服务，主动了解当事人的方方面面，避免挂一漏万，或错过良机。

总之，凡事换位思考，多站在当事人角度思考、处理问题，为当事人建立法律风险防火墙并时时更新，同时，得以当事人为法律服务思考原点，主动出击，将“专业化”作为主动服务的出发点，将团队化、规范化、流程化作为服务模式，将产品化、信息化、可视化作为服务内容载体，不折不扣，以主动服务一览无余诠释、推动，才能为当事人解决法律问题和创造价值。

篇三

律师专业化的三境界

这些年，无论是家人、朋友的聚会，还是在与当事人聊天的过程中，不经意在谈论人生、人世时，常常以“看破、放下、自在”六字箴言作为劝慰。

之所以如此，是因为人世不少学问或智慧，无不与佛学有着千丝万缕的联系。比如，我们常常说的“缘分”“因果”“大彻大悟”“烦恼执着”……

笔者从事律师职业近 20 年，无论是世事的跌宕起伏，还是江湖风波此起彼伏，始终小心翼翼呵护着“不以物喜，不以己悲”的心境，潜心钻研法律服务专业，匠心专业从未改变。

也正是基于这样的恒心与毅力，才在专业路上欣赏了别样的风景，获得了些许感悟。借此，笔者欣然简要分享。

一、看破

此处的“看破”不似佛家的“看破”。此处的“看破”在于有格局，有战略眼光，毋限于现实的缺陷与不足，暂时的困难与问题不能自拔。

笔者所说的“看破”在于看到门道，为个人从事的律师职业定好位，不被他人的各种光环误导。

“看破”在于像法学家一样思考，对解决个案如庖丁解牛般，娴熟有法。

“看破”在于区分律师执业的是与非，夯实专业，远离花拳绣腿，各式坑人、骗人的技巧与伎俩，以专业提升服务。

（一）“看”的目的在于“破”

提及“看破”，自然会想到“红尘”。可我们不过是凡夫俗子，必然在“红尘”中修行才行，断然不可学僧人遁入空门，了无牵挂。笔者揣摩“看破”之意，无论佛家还是哲学的认识论，无非是透过现象看本质，通过感知获得真知，从“多”中获得“一”。

笔者认为，这个“看”，不是表面的肉眼观察，而是用脑思考、用心钻研。这是一种认知的方法，更是一种认知的心法。一个人立志在某个领域或某个方面有所作为，虽不必学古人五更起、三更眠、凿壁偷光、悬梁刺股，但持之以恒、锲而不舍的定力和态度必不可少，挑灯夜战，甘于寂寞的心性磨砺不可或缺。

歌词说，没有人能随随便便成功。当然，也不是不随随便便就一定成功。成功者一定得历经匠心耕耘，才能获得成功。

“看”最终指向的是“破”。个体需通过不断地“看”来破心魔、破现象、破谬论、破无知……只有如此，才能看清实质，看到希望，看得高远。

一个人从观念上修正自己，在认知上丰富自己，在认识论上科学自己，就不会受制于眼下的浅薄与不足，哀怨与沮丧，心灰与意冷。

（二）不“破”不“立”

作为律师，看破就在于将法条融会贯通，会意于心，了然于胸，知其然而知其所以然，恰如其分地适用于个案。看破就在于避免“眉毛胡子一把抓”，或捡了芝麻，丢了西瓜，而在于结合个人的旨趣与爱好，找到专业的归宿，塑造专业的品牌。

二、放下

放下的前提是“看破”，如果没有达到“看破”的心境，自然也就心有旁骛，心有挂碍，难以静心、养心。

（一）一切归零

看过金庸先生著作《倚天屠龙记》的朋友或许记得，张三丰教授张无忌太极拳的章节，直到张无忌将张三丰教授的招式遗忘得一干二净时，张无忌所学、所悟太极就越彻底、越纯熟。

初做律师，无论执业一开始就做律师，还是中途转业为律师，归零修炼尤为重要。有些刚出道的律师在从业前博得了不少功名，获得了不少利禄，难免心高气傲，自以为是。可偏偏律师职业不太信这个邪，无论此前你拥有多高的社会地位，取得多少美名，如果没有真才实学或不能将书本知识及学术成果转化为解决个案的“利器”，当事人或服务市场定不会留情面的。

那些从象牙塔走出来的莘莘学子，刚从事律师职业，难免觉得自己学富五车，满腹经纶，一副知识用不完的样子。诚然，就书本知识，或法条记诵，或理论方面，他们如数家珍，可一旦处理个案时，便显得呆头呆脑，无从下手。

中途转业的人（不过，法检系统除外），已有了较为丰富的社会阅历，取得了骄人成绩，因此，一头扎进律师圈，总感觉可以支取此前的“就业储蓄”。诚然，过往的经历或阅历对从事律师职业大有裨益，但毕竟隔行如隔山，各行有各行的门道，这就需要一段时间的摸索和感悟。

这就是为什么律师执业需要 1 年的实习期。其目的是在指导老师的带领下，了解、熟悉、掌握相关的技能技法，训练法律人思维，像法学家一般思考，找到解决个案的钥匙或窍门。

（二）放低身段

律师的专业化，不限于法律专业本身，还需琢磨、认知法律事务涉及的行业。在法律上是专家，可在行业方面需有自知之明，掂量个人有几斤几两。

笔者常常告诫身边的年轻律师，法律人不仅是专家，更是杂家。一名律师，如只懂专业，不懂行业，则盲；若只懂行业，不懂专业，则空。所以，在处理实务过程中，得虚心向行业人士请教，搞清楚术语，弄明白流程，通晓交易模式，找出解决问题的关键。

这些年，笔者接触了太多行业，每遇一行业，需按部就班弄清楚、搞明白行业的现状与规律，交易与模式，才能得心应手，游刃有余。

（三）甘于寂寞

《心经》曰，色即空，空即色。可常人又岂能领悟到这深沉的道与理，即便能悟得其间真谛，又有多少人能做到？身处花花绿绿的世间，毕竟挠人心弦，作为凡夫俗子，又有多少人能做到心如磐石？

律师界自然也是万花筒，充满了各种诱惑。尤其业界成功人士，行走坐卧，举手投足，无不令人艳羡。别忘了，坐拥今天的一切得益于昨天的辛勤付出，没有过往的劳作与时日，哪有今日的车马喧。

作为律师，想在行业中扬眉吐气，有所作为，须甘于寂寞，远离浮华，潜心专业；如此才能达到“无他，唯熟手尔”的境界！

三、自在

（一）自由

人没有自由，哪来的自在。可人在天地间，哪有纯粹的自由与自在。缘此，寻求相对自由才能获得自在。

律师若能在专业上有所建树，在专业上渐行渐远，便能赢得当事人的尊重与追随，自然不会落入经济窘迫，束缚于盘缠不足。

一旦有了专业立命，自然获得财务自由，自在也就随之而来。

（二）他在

真正的自在源于他在。他在与自在为一体两面，是辩证统一的。他在不仅证得自在，还有助于促成自在；自在是他在的派生或反映，他在是自在的源泉和动力。

作为律师，为当事人提供服务就在于达到“他在”，一旦“他在”了，作为服务的终极回报便是自在。

（三）无我

道德经有言：吾所以有大患者，为吾有身，及吾无身，吾有何患？

循此，普罗大众之所以自私，就在于“自我”，如果能做到“无我”，又有何患？

人因肉身，而生欲望，因欲望，而在乎自我。因此，破“自我”，必然自在。

总之，作为律师，看破表象，了然门道，经得住暂时的利益得失诱惑，放下各种挂碍，潜心修炼，一旦专心、专注、专业了，自然也就赢得逍遥自在的时光。

辑 五

律师服务的甄别与拣选

篇
一

如何对待与客户的第一次见面①

做任何事情，风险控制都是首要的。律师原本是为当事人建构风险控制系统的，若对自己的风险不加以好好控制，岂不闹“阴沟里翻船”的笑话！

当然，在当今风险社会里，难以做到将风险一网打尽，但对大多数风险是可以事前预估并系统控制的。

所谓“人无远虑，必有近忧”，在当面接受陌生当事人咨询时，多注意以下几个方面，或许能让您的律师执业生涯更风和日丽。

一、提防来访者：对人不对事

有人对当事人进行过简单实用的划分。比如，有钱的，没钱的；熟悉的，陌生的；陌生的又分为推荐陌生人与偶遇陌生人等。当然，这样的划分并不是严谨的、学术意义上的划分，而是从实用主义角度

① 原载《方圆律政》2018 年 7 月，第 40 页。

进行的简单区分。

相较而言，人们会自然觉得“有钱的”当事人对律师的风险指数更低，“没钱的”当事人对律师的风险指数可能更高。

但事实并非如此。虽然说“恒产恒心”，但是在大家热衷谈道德而不太讲规则的社会里，“有钱的”也并非素养就高，人情味就足。有时候，恰恰是那些“没钱的”当事人，或许更讲规则，更尊重律师。

同样，熟悉的与陌生的一组划分中。人们往往认为，与陌生的当事人沟通自然风险更大，更应加强控制。但事实往往并非如此。社会常识告诉我们“不要轻易与陌生人说话”。所以，与陌生人接洽时，我们自然会提高警惕，建立风险控制意识和采取有效措施。在熟人面前，我们往往会疏于防范，从而带来意想不到的风险。

因此，无论面对什么样的当事人，我们都需要建立风险控制意识，否则，会被“感觉”等非理性因素出卖。

二、接待咨询者场所：我的地盘，我做主

对会面的场地选择，颇费脑筋。笔者认为，场地的选择主要体现在以下三个方面。

（一）安全

我们都清楚，律师会面当事人尽可能选择在律所。请注意，并非

在律所就一定安全。近年来，不少作案分子开始对律师做起了文章，像抢劫、诈骗等，也有报复性的故意伤害、故意杀人等报道。

因此，建议在律所接待当事人时，尽量选择在上班期间；若是下班后或周末、节假日时间接待，有两名以上律师较为妥当。尤其女律师，更应提高风险控制意识。

如果当事人不情愿到律所会面，对陌生客户，在尊重对方的前提下，尽可能选择我们熟悉的安全环境。特别提示，切忌上门提供服务。若对方指定场所，须事先了解该场所是否属于公共场所或正规经营场所，否则，建议策略地改变会面场地，如果对方执意坚持，可根据情况决定是否放弃会面！

（二）安静

律师与陌生当事人会面，主题是法律咨询，因此，为了提高沟通效率，达到良好的沟通效果，尽量选择较为安静的场所进行沟通，避免到某些带娱乐设施的茶餐厅等嘈杂环境的地方。

安静的环境有利于放松心情，更有助于提高沟通效果。

（三）安逸

安逸并非享乐主义，而是彼此尊重。如果当事人主动选择较为安逸的环境，也可感知当事人对所咨询事项的重视程度，可大致判断当事人的某些品质和对律师的尊重程度。

如果是律师推荐的环境，用心或用眼感受对方的意见或态度，可以大致判断当事人对律师是否尊重，或是否慷慨。

其实，律师提供咨询，就是有价值的服务。如果在相对安逸的环境下，所提供的服务或许有附加值，也更能激发律师调动专业知识和服务技能。

三、骗取智慧：如何识别职业咨询

职业咨询已不是什么新鲜事儿。所谓职业咨询其实就是蹭咨询、不委托等情形的统称。现实中表现为有些当事人为了节约律师费，便到不同律所，找不同律师咨询，直到对整个案件了然于胸才罢休。

再狡猾的狐狸也逃不过猎人的眼睛。对职业咨询，并非律师真不知道，有时只是出于职业道德与操守，做个随手功德而已。

实际上，对于职业咨询，借鉴中医的望、闻、问、切便可以判断一二：

第一，望。通过他的言谈举止，对环境的感受，对律师的态度等加以判断。

第二，闻。通过他说话的音质，表述案情的思路清晰与否判断，尤其是一张口便问是否收咨询费或收费多少的，多半与律师有过接触了。

第三，问。比如通过问他的诉求，或想达到的目的等，探究其对该事项的法律判断。

第四，切。通过他出示材料的侧面是否有序规整，材料的新旧程度等也可以大致判断。

当然，有时通过其中一招便可以识破，有时需要打组合拳才能把握。

虽然职业咨询不太好，但笔者认为，作为律师，牺牲的不过是点时间和专业服务知识与技能。如果不触及切身利益，也就没有必要和这样的当事人纠结。

四、材料保管：如何安全接收当事人的材料

从事律师职业的人员都清楚，不轻易接收当事人的材料原件。这可是无数律师吃亏上当后才奉为圭臬的原则。

在如今的风险社会，谁都不能保证不会弄丢或毁损原件材料。一旦弄丢、毁损，这损失可就是飞来之祸！有的可能是律师一辈子或全律所都难以承担的。

但有的案件，当事人在国外或经常出差等，为了便于律师处理，也就迫不得已交付律师并由律师保管。对这样的情形，律师得出具一式两份的清单，一份给当事人，另一份留存备案。别忘记，请当事人在清单上注明每份材料的真实性与完整性；若对其中某些证据的来源存疑，最好请当事人书面承诺材料的客观真实，明确来源，涉及印章

的，一定请当事人明确印章的真实性等问题。

除接收材料原件外，对材料复印件，也需谨慎。尤其印章、来源存疑的材料，一定要由当事人书面确认，以降低我们的风险（尤其涉及伪造情形的，谁都说不清）。建议在条件允许的情况下，通过视频和书面证据形成收案或收材料的笔录，详细记载证据的形式、内容、来源及与原件一致等情形，避免当事人设置陷阱。

业界已发生当事人提供虚假材料等情形，如果不事前界定好，事后百口难辩。

五、知与言：专业建议如何把握尺度

专业建议的尺度与职业咨询表面看起来仿佛是一回事儿，但究其实质还是有差异的。职业咨询是主观上蹭咨询，占律师便宜，而专业建议的尺度是避免律师说高兴了后，向当事人全盘托出、交底说透。因此，律师在接受咨询时，既要展示专业技能，又要防止说得过头。

这个“度”的拿捏，确实是一门艺术。笔者也没有什么好方法可供借鉴。只是在沟通时，尽可能在法律定性方面浅尝辄止，不轻易进行定量分析，这好比高手过招，点到为止。

但某些案件，一旦说穿，其实很简单，在这个时候，不妨通过一些案例进行类比分享。对某些当事人，不妨引导到案件分析论证的专项轨道上，和当事人签订委托协议后，才出具案件分析论证方案，否则，与当事人之间可能出现“盈盈一水间，脉脉不得语”的局面。

篇二

请律师也要“货比三家”[①]

经常有当事人问笔者，怎样才能选择到负责任且专业的好律师。问这话，并非表明当事人真就没有选择标准或评判依据。只是有时候，他们虽经过千挑万选，所选的律师仍然不太行！正是这些经验，才让当事人更自觉意识到律师之间的差别。

当事人虽然知道了这样的差别甚至差异，但如何才能选到称心如意的律师？这确实是一个特别棘手的问题，对大多数企业主而言，因常常与律师接触、交往，多少有些清晰认识，但对普通老百姓来说，就显得有些扑朔迷离，难以选择了。

作为行业内人士，笔者对这个问题或许还算“门儿清”，不妨与诸君做简要分享。

① 拙文已载《方圆律政》。之所以将该文选入本书，是希望年轻律师从客户的立场，反观自身，以更好地塑造个人的职业人格或专业人格。

一、理性：切忌病急乱投医

在我国传统的社会观念中，作为当事人，尤其不少自然人一旦遇上诉讼纠纷，总感觉这是抬不起头或丢脸的事儿，有的甚至羞于聘请律师或专业人士帮忙维权。随着法律观念日渐深入人心，多数人也能够客观、理性地看待诉讼那些事儿，而不觉得羞于见人，难以启齿。

正是因为当事人主动、自觉运用法律武器进行维权的意识，才促使其聘请律师这样的专业人士为其出谋划策，厘清盘根错节的法律关系，构筑维权城堡，制订周详的维权计划或方案，在解决纠纷的问题上做到有的放矢。

想法固然是良策，问题是，面对众多律师，好比小孩子到了游乐场，满眼的玩具和游戏器械，突然无所适从。

在这样的境况下，不少当事人因对法律认知不足，对律师了解甚少，也不知这样的事件，律师等专业人士参与与否的结果是否一样，甚至急于想知道律师究竟能做什么，做的效果如何，最终会有怎样的不同，等等。

在这样的顾虑之下，自然踌躇不前，左右为难，甚至手忙脚乱，诚惶诚恐。当事人一方面自然希望凭借专业人士力量解决所面临的难题，以求宽慰；另一方面又担心选择不当或错误选择导致与聘请律师的初衷相背离。好比，有人生病了，尤其是急病或罕见的病症，心慌意乱时便不知所措，容易人云亦云，病急乱投医，到头来不过是竹篮打水一场空，不仅耽误了最佳治疗期，还可能误了“性命”。

因此，作为当事人，遇到法律问题，首先需要捋捋思路，寻找管理较为规范且注重专业建设的律师事务所，寻找专业匹配的律师进行咨询。

俗话说，有比较才有鉴别。如果时间不是特别紧迫，建议多找几位专业律师进行咨询，通过不同律所、不同律师进行咨询、甄别，然后根据案件的客观情形进行综合判断，从而审慎选择，以此避免所托非人。

二、冷静：勿以承诺论英雄

执业近 20 年来，经常会有前来咨询的当事人，在咨询接近尾声时，总喜好问律师办这事儿有几成把握。面对这样的提问，确实难以回答。其实，当事人需明白，律师提供的服务和医生提供的服务有很大相似性，每个人几乎都有生病去医院就诊的体验，请问哪位医生能够给您做医疗的承诺，除非江湖庸医，否则，做这样的承诺显然是“自掘坟墓”！

当然，当事人急切求胜，或追求公平正义的心情可以理解，可律师确实没有资格做任何承诺。作为专业、负责任的律师，只能就案件事实，在法律规定的层面作出预判，对超过既定事实和现有法律规定的情形，或当事人有意或无意的隐瞒，或者有些细节还未能完全呈现时，律师便无法进行一定的预判了。

所以，每桩案件背后的故事，并非在咨询环节，律师就能刨根问底，问个水落石出，只能就案件的大体性质或这类案件的大致司法裁判规律进行预判，而不能如自然科学一样作出精准的预测。其实，谁又知道每桩案件背后究竟有多少力量暗流涌动，多少不确定因素中究竟哪一因素才是支撑该案的支点呢？

因此，每遇到当事人要求笔者作许诺时，笔者常常无以言对，只有苦笑，或者示意当事人另请高明。因为一个负责任的律师不可能通过拍胸脯来赢得当事人短暂的认同，一定是通过专业、敬业、兢业的精神赢得当事人首肯的。

三、客观：能力是价格的风向标

不少当事人，总喜欢以服务价格低作为选择律师的不二法门。大多抱有这种逻辑的当事人，自然难以选择到匹配负责的律师。

作为社会人，多多少少都有消费体验，不同品质、不同服务质量所体现的价格或收费自然不同。面对这样浅显的道理，当事人在选择律师时却犯迷糊了。殊不知，法律门类繁多，而每一门类又细化为很多分支。在经济发达国家，律师专业化分工达到令人惊讶的地步。比如，据说在美国，一些律师仅作机场跑道方面的保险就足以赢得无数荣光和过上富裕的生活，哪能容万金油式的律师招摇撞骗，什么案子都敢接、敢做？虽然我们国家律师专业化分工有待细化，但在专业化日趋成熟的当下，专业化程度自然也决定了收费高低。

有道是，一分钱，一分货。律师服务领域，很难兼顾“物美价廉”。这与律师执业的积累和一直持续的投入有莫大关系。

所谓付出总有回报，律师在专业探索中不断地付出，为的就是赢得当事人在专业方面的认可，同时，为当事人在追求利益最大化方面得到肯定。

记得，西南政法大学的一位校友曾分享了一位美国客户到国内选择律师的故事。最初，该美国客户找到了一位曾有 20 来年一线审判经验而后下海做律师的同人，但由于该同人受体制思维束缚，同时，在非诉讼实操方面自信不足，报价特别低，超出该美国客户的意料，客户自然没有信心选择该同人提供服务。后来，为了留住这位美国客户，该同人推荐了一开始便从事律师业的同学，沟通完毕后报价高出前者数十倍，这时美国客户才欣慰点头成交了。这个故事一定程度上折射出价格与价值、专业与服务的匹配性。

随着法律消费渐成常态，笔者建议，当事人在选择律师方面，一定要理性、客观，而非一味以价格高低选择律师，而是以价格与价值、专业与敬业、责任与担当等对等性进行判断。

四、全面：知己知彼，用人不疑

选择律师也并非那么玄乎。我们常常习惯了“人以群分”的人世逻辑，每遇事务时，自然首先会从熟人圈子进行筛选，毕竟知己知彼，才能更好地沟通，心里更有底。何况在当下的人情社会中，我们几乎都习惯了通过这样的方式才更具效率。

但这不过是选择律师的人情思维，最终还需专业、责任、职业精神说了算。有的人很专业，但没有底线，缺乏职业操守，更没有职业精神，这样的人不是当事人所希望的。诚然，短暂的时间难以评判一个人的品质，建议至少可以通过其一贯的为人、发表的文章，甚至微信、微博等内容和细节，探个究竟，做一个初步判断。

当然，对常见的、普通的案件，大多数人都能较好地把握和处理，作为当事人也较为容易选择。但对疑难复杂的法律事务，在选择律师时，便有些烧脑了。笔者的建议是，请律师需遵循七个步骤：第一，看专业；第二，听解决思路或方案；第三，考察人品；第四，探究服务理念；第五，知微见著，通过案件文书细节看出其服务品质；第六，不要被名气、网络化的虚拟信息所左右；第七，不要被亲疏关系所掣肘。

五、甄别：律师是否具有时代使命

大多数法律人，之所以选择做律师，或许有某种情节，比如有的人为了追求自由，有的人为了伸张正义，有的人为了推动法治建设等。或许每个人在选择从事律师业的背后都有一段故事，都深藏着一个使命。

说实在的，很多人选择做律师并非一味认为律师行业挣钱。其实，无论哪个专业的律师，无论资深的还是刚出道的律师，都肩负责任与担当，至少没有过多生意的念头，多有公平正义的执着追求。

律师职业和法官职业一样，是崇高而神圣的，只是这些年总有一小撮人为了个人利益的追求毁了些许名声罢了，但毕竟这点污水还不至于影响整个大海的水质。

作为当事人，依据什么标准进行选择，如何选择，选择谁固然重要，但至少还需辨识在所选择的律师身上是否能够感受到“责任与担当”“专业与敬业”“批判与砥砺”。

辑　六

律所的形与质

篇一

律所须去的几大陋习

律师事务所是律师的“家”。既然是律师之“家”，律师就应该享受到家的温暖，受到应有的尊重。近年来，在办理业务过程中，笔者顺道走访了不同地域、不同规模的律所，发现一些律所仍持抱残守缺的管理思维和理念。鉴于此，笔者期望通过简要梳理，引起律所管理者的重视，力求“有则改之，无则加勉”。

对年轻法律人而言，律所好比钱钟书先生所隐喻的“围城”，城里的人想出来，城外人的却蜂拥而至。总有一部分法律人必然要去律所耕耘个人的法治梦想，追求如“第欧根尼一样自由自在，躺在沙滩上沐浴阳光，即便国王来了，也不用理会”的丁点自傲的梦想。

可现实与梦想却有天壤之别，有的人走出象牙塔，却进了一座充满各种俗世之恶的城堡。时下，律所若不就“专制化、等级化、行政化、过度商业化、保守化”五大陋习加以矫正、剔除，如何能行远自迩，以至千里？

一、去“专制化”

传统律所的运营主要靠创始人或主任。律所的战略布局、市场定位、专业化建设、人才招募引进、薪酬制度、行政人员匹配几乎都是创始人或主任说了算。

之所以形成这样的局面，大多与创造收益的多寡有关。作为人合组织，以创造收益的多寡论贡献，容易取得控制力，表现出来的无非就是“话语权”问题。或许正是因为这样的现实文化，导致传统律所只能做强（指专业方面），很难做大（指规模方面）。

传统律所人员结构通常也以创始人或主任的团队为主干，逐渐枝繁叶茂，有演变为独木成林的趋势。至于其他律师或团队，那些对律所留有情感或抱有期望的群体，或许还会努力促成律所的多足鼎立局面以分得话语权，或制衡各方权利，促使律所向民主化方向挺进，否则，要么选择以脚投票，要么被创始人或主任团队收编……

“专制化”过强的律所往往不太重视其他成员的建言献策，更谈不上民主决策了；有的即便迫于现实需要改良，也只是在“民主”的外衣下，遮蔽“专制”的实质。

作为律所，如果不能走向实质的民主、真正的集中，就容易滑向“专制”的境况。当然，不是说“专制”就一定阻碍发展，在组织发展的某些阶段，往往还需要强腕人物实施“专制”。但从长远和社会发展趋势来看，“专制”明显不符合历史发展潮流及社会发展规律。同时，还容易压制其他律师，尤其是年轻律师的创新思维及健康发展。

作为法律人扎堆的地方，居然不能谈民主，不能搞集中，笔者不得不担心，在这样的组织里，如何能服务好客户？

二、去等级化

律师界、律所论资排辈由来已久。这样的认识还真不是谣传或以讹传讹的丑化。

任何行业若欲良性发展都应在专业技能与个人素养上下功夫，并一以贯之践行。不应以从业时间长短，做过某些案件论英雄、显资历、捞名头。一个行业一旦过度以从业时间长短、经验的多寡进行评判，自然是有百害而无一益的。

当然，这与律所为便于管理而设置实习律师、律师助理、执业律师、合伙人、高级合伙人等“头衔称谓”不可同日而语。不过，设置不同“头衔称谓”的做法也需避免陷入无所不用其极以各种“名头”来唬人，或假借此作为自我能力或专业素养的“证明”。这未免太过于“符号化”，成了偏好追求“金玉其外”为能事的反向运动了。

律所设有各种“头衔称谓”，无非是为创设内部竞争机制，促成专业提升的良性内驱，但彼此间的实质平等落实并不全面。尤为遗憾的是，不少律所以各种“虚名”赚取眼球，吸引不明就里的律师投奔。

笔者认为，作为律师，平等原则自然是深入骨髓的，何必要人为弄出等级，让年轻律师难以出头呢？梅因博士早就揭示，历史无非是从身份到契约的演进运动。俱往矣！律师应以服务为依归，以贡献为着眼点，以让当事人由衷认可为宗旨。

三、去行政化

有的律所行政化色彩特浓。这些律所不好好琢磨如何为律师提供优质服务，如何吸引、培养、留住律师人才，如何为律师排忧解难，如何聆听律师的困难和诉求。却一味计较如何从律师头上盘剥，如何雁过拔毛，如何控制，如何演绎宫廷剧的钩心斗角。试问，这样的律所能走多远？

区块链都扬言“去中心化了”，律师扎堆的律所却“强化集权式管理”或人为制造派系，这不是自掘坟墓吗？

律所的管理层不是庇荫“管理”两个字就真以为可以在“管”字上做文章，来点“厚黑”之类的学问，这无非是一种幻觉。不过，提醒那些对号入座的管理者是时候清醒清醒了，应该多思考如何服务好律师，多行动起来服务好律师。

有些律所行政人员飞扬跋扈，对律师呼来唤去，眼里、心里根本不知谁在“打江山”、谁在“守江山”。律所当以律师为核心，律所当以服务好律师为重任，而不是以故弄玄虚的管理、逼走律师为要务。

四、去过度商业化

无论是个人所，还是合伙所，都是市场经济的重要参与者，以营利为导向，解决生存与发展问题无可厚非。

所谓“天下攘攘，皆为利往，天下熙熙，皆为利来”。趋利避害是人性使然。不过，泛滥商业，过度趋利，就会演变为贪婪，正所谓过犹不及！

时下，一些律所过于追求商业利益，过度创新商业模式，将律师作为人脉圈层的链接，围绕律师行业钻研起了商业拓展。这让外行人不明白这样的律所究竟是干什么的，仿佛是除法律专业不怎么样外，什么都能干的法律人超市？这确实让人咋舌，不仅外人不太清楚其门道，连内部人员也难以说清究竟什么才是他们的核心要素，哪儿才是个人的“一亩三分地”。

笔者始终认为，从事律师行业，不是只为了赚钱，更多是为实现内心的法治梦想；如果做律师只是为了赚钱，还不如去经商。

人与动物相比，唯一能引以为豪的不就是那份“梦想”吗？正如康德所说，既要脚踏实地，又要仰望头顶的灿烂星空。有了梦想，为了梦想，就得点滴追求，务实推动，从而为实现闪耀人性光辉的梦想而奋斗。

有了梦想，加之格局，如此才不受制于利益，为利益所羁绊、所束缚。因此，作为匡扶正义的律师，还是要与商业保持适度距离，以正义担当为要务，才符合君子务本，本立而道生的理。

五、去保守化

律所是律师的家园，律师得依托律所的平台培育个人法治素养的精气神。律所应为律师提供交流、学习、讨论、研判专业的宽松环境，让律师能自由自在，无拘无束徜徉在专业与思想的“海洋”。以此使彼此之间亲密无间，开放有序，共享协同……

不少律所气氛不太和谐，彼此之间不说形同陌路，也如防贼般封闭保守。个体或各团队都是一座城堡或“独立王国”，随时提防他人窥探，担心他人以狡黠的方式掳走己方的“战利品”；或担心他人来一出“狐狸与乌鸦”的故事。

一家律所紧张成这样，还谈什么团结、团队、抱团取暖、共谋发展呢？当然，时下大多数律所并不像笔者揣度的这般模样，但相互之间的提防与保守并非杜撰。

一家律所一旦确定专业化的发展路径，就必须保持一定的开放度。律师行业必须迎合专业化趋势，对此，还需要律所与律所之间的逐步开放。只有这样才能促进律师行业的健康良性发展。

因此，律所内部的开放程度决定律所的发展速度；律所内部的开放广度与深度，决定律所发展的高度与品质。

《论语·为政》载，子曰："视其所以，观其所由，察其所安。人焉廋哉？人焉廋哉？"孔夫子这话虽然指向对个体的观察，但用在对律所的考察也同样奏效。

篇二

我心仪的律所模样

笔者从业 20 多年了，除现谋职的律所外，此前笔者共待过五家律所，各家律所风格迥异。笔者之所以选择离开此前的律所并不全然因为它们不好，而是个人要么迁往外地发展，要么属重新规划、定位个人旨趣所致。

全国律所数以万计，所谓人上一百，形形色色，律所何尝不是如此。

这些年，律师界确也发生了不少风云之事，暴露了行业的一些问题。自然引起不少法律人思考律所的建造、建设等问题。在此，笔者也简要分享个人的一丁点儿心得。

一、律所的强与大

传统律所往往随着规模化自然分裂，或自立门户的部分律师成立律所。所以，传统律所的不少创始人常感叹，律所只能做强，难以做大。换句话说，只能在专业方面练就铜墙铁壁，在某些方面形成律所的拳头产品，但难以在规模化方面走得更远。

由于传统律所存有上述隐忧和面临上述困境。近些年来，平台律所（笔者按：将近年一些在全国蓬勃发展设立分所的律所称为“平台律所”）如雨后春笋般开办。平台律所虽然解决了传统律所“规模化”的困境，但随之而来的问题也是此起彼伏，比如律师的融合度不够，导致平台价值难以发挥；有的太过于商业化，导致职业化不强，致使当事人质疑，究竟是律师职业，还是法律商业团体，造成“轻专业，重商业”的尴尬局面……

律所难道就只能在“强”与“大”的两端，限于要么“强”但难以求“大”，要么“大”但难以做“强”的魔咒吗?

二、律所的小而美

国人向来深谙中庸之道。如果说“强”与“大”是境界，那么“小而美”就是艺术。

“小”不过相对“规模”而言，而“美”不过是指律所的“形体”而言。比如，令人赏心悦目，体态婀娜多姿、举止优雅，黄金组合，也就是律师之间协同、配合的融合度，专业、知识的互补性，性情、特质的有机匹配等自然协调，恰到好处。

不过，这里的“小而美”是相对的。“小而美”是在相对稳定，彼此高度信任及较强的专业化前提下，有计划、有战略布局地稳步推向“规模化”，而不是一开始就盲目追求数量意义上的“规模化”。

这样的发展路径，源于律所兼顾、平衡内涵和外延式发展的必然要求和外在诉求，从而避免“强”与“大”非此即彼的悲剧。

三、律所的局部与整体

一旦律所建立在“小而美”的理念之上，律师对律所的归属感，律师与律师之间的融合度，律所各专业部门与律所之间的协同度等自然不在话下。

无论是律师之间的交流、沟通、配合，还是律师与各专业团队之间的接洽、互动，各团队与律所之间的分享、共享，容易促成步调一致，做到坦诚相见，形成一团和气的局面。

“小而美”的律所较为容易做到“进”（笔者按：对外抱团竞标拿单）而“全民皆兵”，“退”（笔者按：埋头钻研专业和业务）而“耕耘各自一亩三分地”！如此，充分调动和发挥律所的局部与整体的作用与功能。

四、律所的精气神

衡量一个人如何，常看其精气神。同样，律所如何，律所发展如何，也需要审视其精气神。

此处，笔者将“精气神”简单归为“文化”。律所是否能良好发展，与其塑造、形成的“文化”有关。而“文化”的塑造又与律所创始人及律所定位有关。

所以，律所创始人的个性、偏好对律所风格、气质与文化起着主要作用。律所是否能形成“规范化”“专业化”“团队化”的发展模式，在服务过程中强化、奠定“流程化”“可视化”的服务基石，关键在于律所创始人的理念、格局及誓愿，同时，也与律所同人的附和程度、主人翁意识的强弱、责任担当的自觉程度不无关系。

总之，如果律所创始人将律所打造为各位律师工作和生活的“大家庭”，而律师自觉、不自觉地乐意将律所视为“家”，这个律所的“精气神”自然会引起他人的“羡慕嫉妒恨”了。

篇三

年轻律师如何选择律所[①]

俗话说，选择比努力更重要。

对年轻律师而言，专业与平台犹如车辆的四轮，不可偏废。专业决定了律师的职业高度；平台决定了律师的活动度或作为空间。律所作为律师执业空间必不可少的场域，对每位律师而言，都至关重要。

因此，对年轻律师来说，选择什么样的律所，如何选择律所尤为关键。律所的优劣好坏虽不必然决定律师整个职业生涯的走向，但给个人的发展势必带来重大影响。

笔者原本是一个安土重迁的人。只不过，这些年，在个人的曲折成长过程中，深深体会到理性审慎选择律所对个人发展的重要性。

笔者认为，好的律所一定是让人自然产生归宿感、荣誉感、使命感、紧迫感、价值感的。在此，笔者作简要剖析，供年轻律师参考。

① 参见李承蔚:《对年轻律师来说，好律所什么样？》，载微信公众号“方圆”，2018 年 5 月 4 日。

一、归宿感：家所情怀

人原本就是群居动物，需在群体中证明个体的存在，同时，个体又渴望群体成员的认同或获得成员的帮助。至于客观是否需要并不重要，重要的是在组织或群体中能满足内心的这份渴望。这或许就是质朴的“归宿感”。

同样，律所对每位律师，尤其对年轻律师，更渴望感受到这份“归宿感”。这不仅是心灵的慰藉，更是心灵的契合，人格的认同。

二、荣誉感：集体人格光环

荣誉感来自两个方面，一方面是个体的自信确认，另一方面是集体人格光环反哺。

俗话说，天道酬勤。若个体妄自菲薄，没有足够的自信，没有务实的身体力行，勤勉敬业，上天是不会眷顾的。

但作为个体，仅有自信远远不足，还需从组织体中得到人格认同，物质、精神反哺。一个组织是否有吸引力，不仅在于是否拥有“健康的组织肌体”，还在于是否拥有精神文化的软实力及魅力。

一家律所是否能赋予律师荣誉感，对律师和律所的发展都至关重要。若一家律所不能赋予律师荣誉感，律师也就没有荣光，执业的信心必定受影响。

三、使命感：自我成长的引擎

这里的使命感更多在于律所的战略定位与布局，律所的阶段性目标及内部良性竞争等。

作为律所，首要是定战略。没有战略和规划，律所将如逆水行舟，必然行而不远或渐趋日下。律所制定战略既不能好高骛远，又不能原地踏步，糊弄了事；既要以过去作为基础和根据，又要以将来作为预判与前瞻。

律所在选择人才时，常常关心个体的品格、才艺及学识。人才在选择律所时，不妨也打听打听律所的战略与愿景。没有伟大的战略，根本无法吸引人才、留住人才。

使命感不仅对组织有动力，更是个人成长的引擎。

四、紧迫感：伟大都是熬出来的

一个组织是否良性、是否彼此促进，还得考察成员是否有紧迫感。使命感过于“高大上”，有时候难免成为“想想而已”或“说说而已”式的自我安慰，而紧迫感便是接地气的。

使命感与紧迫感，两者是辩证统一的。使命感是宏观层面，紧迫感是微观层面；使命感因律所战略而生，紧迫感因使命感落实具体实务而起；使命感是“气”的意识形态，紧迫感是“精”的物质形态；使命感是立意高远的追求方向，紧迫感是当下千里之行的跬步积累……

不少律所有战略、有荣誉感、有使命感，可紧迫感不够。这取决于组织的人才运筹体系建设。都知道，当下组织竞争的核心在于人才，可不少公司虽然吸引了一大批人才，但并没有实现人尽其才，才尽其用，常常导致英雄无用武之地。其原因就是组织没有形成人才运筹体系或人才管理体系。其实，人才运筹体系或人才管理体系才是组织生存的秘密武器。

而组织的人才运筹或管理体系是否有效运转，其中的指标之一便是其成员的紧迫感。每个人充满使命感和紧迫感，自然将理性和非理性紧密结合，利于组织长远发展。

作为新生代的律师，在这样的组织中，也就不会茫然失措，不知所以了。

五、价值感：俗世人生需求的境界

马斯洛曾说，人有五个层次的需求，自我实现的价值需要为其顶层。作为律师更应如此。

现实却是，不少律师每天忙忙碌碌，没有与家人、亲朋过多闲谈的机会，整天奔命于当事人、法院及律所之间。

律师做业务如此辛苦，做律师还有意义吗?

有学者曾说，律师兴，则法治兴；法治兴，则国家兴。如果一个国家的大多数律师都没有价值感，谈何律师兴；没有律师兴，谈何法治兴；没有法治兴，谈何国家兴。

诚然，律师也是匠人。律师是法律匠人，是充满情怀、学识、理性的文化人。律师不能仅因处理几个案件、写几份合同、开几次讲座、写几本书就乐在其中，律师更应追求实务、普法或处理个案背后的受人尊重、价值认同。

其实，律师不只是匠人。匠人只是律师职业精神的一种体现，律师更是法治的推动者、法治文明的传播者。生活不只是苟且活着就好，而是彼此为更多“生命”贡献力量，为社会的文明进步贡献智慧。

律师要实现价值，首先要在组织内拥有价值感。律所就是律师“蓄价值”的平台，就是律师产生价值感的依托，就是律师誓愿肝脑涂地的底气支撑。

总之，一家律所是否匹配个人成长、发展。一言以蔽之，关键看该律所是否能让律师真切感受到“归宿感、荣誉感、使命感、紧迫感、价值感”。

篇四

让你的合同管理“动起来”[①]

合同的生命不仅限于合同文本的生成，还在于通过履行实现合同的目的或宗旨。履行过程极易发生磕碰、争议，甚至与订立合约初衷相去甚远，因此，应确保己方始终控制全局、协调各方。

合同是公司法务和律师工作中常见且必备的修炼。很多人注重了合同的起草、修改和签订，却忽视了合同管理。事实上，合同的生命在于履行，有效的合同管理可以帮助公司减少运营过程中的法律风险，从而保障公司的正常运营。

合同管理是指负有管理职责的人或部门，根据交易的目的或宗旨，加以合理合法厘定，整理好文本并加以有机规范，并就整个交易过程适时提示、约束、监督及阶段性实施或履行完毕后加以妥善保管的活动。

---

① 李承蔚:《让你的合同管理“动起来”》，载《方圆律政》2018 年 4 月。此文与《设计合同的关键：交易模式的整体谋划和系统论证》《四步修改！让你快速审查合同箭无虚发》系姊妹篇。

一、合同文本的管理：合约载体的归属

合同文本管理主要涉及合同文本的规范与系统化、合同履行过程中各类证据或文书的固定、合同档案管理三部分。

（一）合同文本的规范与系统化

合同文本的规范，着重于合同范本的锤炼和适时更新。合同文本首先应符合《民法典》合同编的规定，至少得满足《民法典》第470条规定的主要条款。

现实中，针对不同的交易对象、交易事项、交易额可以随机灵活处理。如购买日常生活用品或日常细小办公用品时，没有必要长篇大论，约定过于细致、严谨。这样会显得缺乏人情味与变通，与重人情的国情不相容，也会令人觉得过于机械而不可理喻。

除小额、零星交易外，尽可能让合同文本形式完备，内容详尽。如此便于合同履行过程中有章可循，减少分歧的可能性，加强现实可操作性。

同时，在文本规范的前提下，还需要围绕合同交易特定情形，准备好系列文件，比如在借款法律关系中，除草拟好借款合同文本外，还需准备好借条、担保合同等文件；如果涉及公司作为担保人，还需准备召集股东临时会议的通知、议题内容及对外提供担保议题的股东会决议文本等材料，除此之外，还应收集有关主体身份的材料、交易

合同涉及的背景资料及关联合同文本等。

笔者建议，就单一合同交易，事前罗列材料清单和控制流程，利于促成合同的规范和系统化，从而做到“疏而不漏”。

（二）合同履行过程中各类证据或文书的固定

合同的履行并非一直按既定的合同内容进行，有时是根据情势变化的。比如，建设工程施工合同在履行过程中，可能涉及图纸的修改、地质特殊情况、进度款拨付纠纷或资金断链、国家法律法规修改、不可抗力事件、安全事故、施工工期超期等变化。

因此，在合同履行过程中，各方需随时收集、固化相应证据并加以整理保存。同时，合同相对方存在违约情形时，需通过发函、催告、摄影摄像等方式固定证据，便于各方争议的协调、解决及己方权益的维护。

总之，合同的履行是系统工程。不能拘泥于合同文本死抠表面文义，还需要对合同交易内容进行周全、体系化的了解，对相对方履行情况随时掌握并客观分析，缺乏材料的，想方设法形成书面文本或痕迹，缺乏有力证据证明对方存在过错或违约的，寻求时机、创造或利用条件促成相应文书的形成，抓住主动权，有待随时主动出击。

（三）合同档案管理

档案管理也指档案工作，是档案（室）或档案管理者直接对档案实体和档案信息进行管理并提供利用服务的各项业务工作的总称，具体为档案的收集、整理、保管、鉴定、统计及提供利用等活动。

合同档案管理就是针对交易合同建档归类系统管理。目前，信息化越来越深入人心，不少公司推出了无纸化办公，将各类文件资料通过分门别类进行电子文本管理，从而避免纸质文本的占空间、容易毁损等不足。

合同档案管理，是指对合同磋商、草拟、签订文本、履行过程中所形成的材料、履行完毕的证明材料等进行建档编号，并加以归类整理的活动。

公司一经形成合同档案管理，当合同履行过程中发生争议或纠纷时，方便公司随时能提供相应详尽材料，从而利于纠纷或争议的解决，同时，也方便应对事后的查证或接受检查。

二、合同动态化管理的六个节点

合同的生命不仅限于合同文本的生成，还在于通过履行实现合同的目的或宗旨。好比法律，不是表决通过并实施便万事大吉，而在于规范公民行为、维护社会秩序、解决相应争端。

合同纠纷基本发生于履行过程。既然履行过程对合同交易各方如此重要，同时，履行过程又极易发生磕碰、争议，就更应提高把方向、控局面，有序推进、促进优化、实现目的的能力和智慧，确保己方始终控制全局、协调各方。

（一）关注合同约定的履行节点

作为公司，需提取合同交易中各个履行节点，做好事先提醒备注，避免因错过履行节点导致的违约或被动局面。比如买卖合同，作为卖方就需要明确履行交付的商品，包括商品的种类品质及数量、交付时间及交付地点等；作为买方就需要明确履行支付货款的金额、时间、方式及收货地点等。

（二）注意合同履行的联系人等信息

一份合同的履行，必然涉及交易各方，在履行过程中，为更精准高效履行合同，在各节点前就需要和相对方联系沟通好，便于合同的顺利推进。

合同履行时，首先通过合同约定的联系方式与联系人进行沟通，尽量避免与合同约定外的联系人或合同约定外的联系方式沟通。除非合同约定的联系人或联系方式不能有效联系或沟通时，才寻求合同约定外的方式。在采取合同约定以外的方式时，最好与公司法务部相关工作人员沟通并寻求有效且最佳途径，以保护自身利益。

比如，房屋租赁合同纠纷，租赁过程中，承租人突然出走，难以联系时，作为出租人应如何解决？如果在合同文本设计时，有紧急联系人和联系方式，将其配偶作为共同承租人，较为容易处理。如果事先没有前述约定，又不能消极等待承租人来处理时，建议通过委托公证处等对开门和清点房间财物等进行公证，同时，邀请街道办工作人员或派出所相关人员到场，以说明情况，便于事后有据可查，有材料为证。

除此之外，在合同履行过程中，若对方更换联系人或联系方式，不仅要求对方出具证明文件，还需要核实证明文件的真实性，避免受制于人。

（三）注意合同的核心内容

所谓合同的核心内容或条款，主要以《民法典》第 470 条的规定为标准，具体包括当事人的姓名或者名称和住所，标的，数量，质量，价款或者报酬，履行期限、地点和方式，违约责任，解决争议的方法等内容。

对合同主体，在合同磋商、洽谈及合同签订时均需加以审查。现实中，经常出现磋商、洽谈主体与最终签订合同的主体不一致的情形，其中部分情形是主体资格或资质的原因或集团公司出于业务考虑，且经各方同意的合同签订、履行主体的不一致。

除此之外，之所以出现不伦不类的情形，主要原因是合同主体审查不严或缺乏风控意识，才导致他人有机可乘。还有就是牛头不对马嘴的低级错误，如合同约定的甲方或乙方等是一个主体，合同落款是另一个主体，盖章又是一个主体。

还需要注意合同签订主体是否具备民事主体资格，比如公司或企业的部门、项目部等通常是不具备民事主体资格的，虽然在司法审判实务中会追根溯源，以公司或企业为债务人，但毕竟颇费周折。

标的属于合同的核心，也是对法律关系的界定。因此，标的条款需要明确详尽，不可顾左右而言他。

“质量”条款是交易标的物品质固定，尤其是商品。同一品牌的商品区分不同品质或等级。若不对质量标准进行精准界定，在履行过程中难免产生纠纷，比如一些精装修商品房销售合同对电梯、洁具等只约定了品牌，并没有具体品质等级，在合同履行中，纠纷在所难免。

“数量”条款是合同交易标的物的具体量化，只有明确具体交易量，才便于后续的具体履行。

“价款”条款通常明确单价和总价款。这样约定的好处是当出现物品毁损或多交付货物时，买受方可根据合同约定的单价进行结算。最为关键的是需明确约定价款何时交付、交付方式等，便于后续价款的正常结算。

“违约责任”条款是约束合同各方严格按合同约定如实履行，否则，将为“食言”埋单。

除此之外，公司将根据具体的交易对内容进行增减补充，比如，一些服务合同，就需要对具体服务内容和服务质量标准及验收加以明确，否则，现实中会出现“公婆”之争。

（四）合同的附随义务

合同的附随义务，常被人忽略。

《民法典》第509条[①]规定，合同当事人应当按照约定全面履行自己的义务，并遵循诚实信用原则，根据合同的性质、目的和交易习惯履行通知、协助、保密等义务。例如，客户去银行取钱，遭遇抢劫或盗窃，物业管理公司未尽保护业主人身、财产安全的义务，活动主办方或组织方未尽人身安全保护义务等，均与附随义务有关（目前也有争论）。这是法定的义务，是基于诚实信用而生的义务。现实中，人们往往忽略该义务的运用。

（五）合同变更或抵销等情形

合同履行过程中，往往根据政策、自然环境、社会环境及特定情况的变化予以相应调整。例如，2003年发生的“非典”导致不少交易目的落空，2008年汶川地震导致不少企业瞬间坍塌，还有因政策的调整导致交易内容变为非法等问题。对这些特定情形，合同各方可适时对合同进行变更，以平衡各方利益，利于市场竞争有序。

合同履行中，各方常存在持续交易或多领域交易的情形，那么在

---

① 第509条：当事人应当按照约定全面履行自己的义务。

当事人应当遵循诚信原则，根据合同的性质、目的和交易习惯履行通知、协助、保密等义务。

当事人在履行合同过程中，应当避免浪费资源、污染环境和破坏生态。

履行过程中，根据《民法典》第 568 条第 1 款的规定，当事人互负债务，该债务的标的物种类、品质相同的，任何一方可以将自己的债务与对方的到期债务抵销；但是，根据债务性质，按照当事人约定或依照法律规定不得抵销的除外。除此之外，根据《民法典》第 569 条的规定，当事人互负债务，标的物种类、品质不相同的，经协商一致，也可以抵销。但需注意的是，在操作过程中，需要以书面通知方式来主张，达到抵销目的。

（六）合同三大抗辩权、解除权、撤销权的适时主张

合同动态管理尤为关键的是三大抗辩权的及时行使，以便于抓住主动权。尤其针对不安抗辩权的行使，主张一方掌握相关证据证实相对方存在《民法典》第 527 条[①] 第 1 款规定情形时，便可以根据《民法典》第 528 条[②] 的规定启动中止履行，倒逼交易对方提供履行合同的担保。否则，可行使合同解除的权利。

合同履行过程中，交易对方行为符合合同约定、法定的解除条件时，己方可根据情况，选择是否解除合同。如在租赁合同纠纷

① 第 527 条　应当先履行债务的当事人，有确切证据证明对方有下列情形之一的，可以中止履行：（一）经营状况严重恶化；（二）转移财产、抽逃资金，以逃避债务；（三）丧失商业信誉；（四）有丧失或者可能丧失履行债务能力的其他情形。

当事人没有确切证据中止履行的，应当承担违约责任。

② 第 528 条　当事人依据前条规定中止履行的，应当及时通知对方。对方提供适当担保的，应当恢复履行。中止履行后，对方在合理期限内未恢复履行能力且未提供适当担保的，视为以自己的行为表明不履行主要债务，中止履行的一方可以解除合同并可以请求对方承担违约责任。

中，对“买卖不破租赁”原则就需要进行法理、法律、司法三维深度解读，从而才能更好地领会其立法精神。由于该立法原则倾向于保护承租人，那么在出租人销售争议房屋时，作为承租人可根据具体情况选择是否“破”租赁，从而更好保护己方权益，而不被该原则掣肘。

现实中，时常面临在合同履行过程中，交易对方基于各种原因不愿意继续履行，尤其不愿承担违约责任或承担相应责任，采取低价或其他方式有意将其名下的资产进行快速处置，达到逃避承担法律责任的目的。对此,《民法典》第538条、第539条明确规定，权利人有权行使撤销权，以保护权利人的利益。

以上仅就合同管理进行粗略梳理，在合同履行过程中，还涉及代位权、债权转让、债务转移、债权债务概括转移等制度的运用，还面临合同相关条款约定不明、合同无效后如何处理等一系列问题。

说千道万，笔者认为，公司合同的有效管理无非就是静态与动态有机结合，双管齐下、两者并重才能有效控制合同风险。

辑　七

律所培养人才的式与范

篇
一

律所培养人才：传统“师徒模式”的革新[①]

律所的竞争说到底是人才的竞争。因此，律所对律师的培养机制决定律所的生存与发展。律所的人才培养是律所可持续发展应当首要解决的问题。

一、律所人才培养的现状

上述道理显而易见。但是，对律师行业，尤其对每个律所而言，就显得有些含混或不那么清晰了。因个人浅陋，不知业界是否出台了规范、有序、系统的律师人才培养指引或指南等相关规范性文件。

当然，不排除有些律所已拥有或正在研发科学合理的培养人才指引、指南或系统课件，只不过出于保守或将其视为商业秘密不愿为人所知而已。

① 李承蔚:《律所培养人才：传统“师徒”模式有哪六大弊端》，载微信公众号“桂客留言”，https://mp.weixin.qq.com/s/KvZ3a3UCrfcXE_lvvijj Cg。

笔者从事律师职业近20年，曾经历了五家律所。从规模上讲，这五家律所要么属于全省排名靠前，要么全国排名靠前；从专业上讲，这五家律所在业界也颇有口碑和建树；从团队上讲，这五家律所无不重视团队化建设，不仅进行了公共助理招聘的探索和实施，而且每个团队都不断吸纳、培养新人。遗憾的是，在笔者离开时，这些律所在培养人才方面都没有相对清晰、规范、系统的方案或成熟的一系列课件。

在此前的律所，笔者也时常与同事们探讨如何培养人才。究竟有没有规律可循，能不能形成规范化、体系化、科学化的人才培养体系。为此，还引来不少同事的讥笑，认为笔者纯属自作多情、庸人自扰。律师不是自由职业吗？个人挣个人的钱，何必多管闲事或多此一举为他人作嫁衣。琢磨什么人才培养体系建设，个人招几个助理闷头发财不就得了！

话虽在理，可这样简单粗暴、随性随机的人才培养方式不仅对个人，对年轻律师，而且对当事人，对行业都是有害而无益的。

二、传统律所培养律师的模式

目前，大多数律所对律师人才的培养模式基本仍延续传统的“师徒”模式。所谓的个性化培养，基本不似法学院系统化、规范化式培养法律人。笔者此前也试图探索一条清晰、规范、系统培养律师人才的路径，可屡试屡败，屡败屡试。除多了一些个人心得和失败教训外，仍一头雾水，收获甚微。

并非传统的“师徒”培养模式一无是处。毕竟，我国是人情社会，“师徒”模式也是大多数行业得以传承的重要原因之一。

其实，这些年，律师业之所以能蓬勃发展，“师徒”模式也算劳苦功高，贡献不小。不过，随着社会变革，当事人的需求呈现出多元化趋势，对法律服务的要求不断提高，传统“师徒”模式的弊端也日渐凸显，律师业需要自我变革与调整。

第一，传承缺失。“师徒”模式基本属于一对一的培养模式，固然有很多优点。比如与团队律师口耳相传，不足为外人道。这犹如保护“商业秘密”一样，可以为团队成员带来“福利”。同时，由于培养的私密性，不至于被“偷学”，起到了“专业与客户壁垒”的天然保护作用。

不过，任何事物都是辩证的，有其利，也有其弊。例如，团队的风格取决于团队负责人的风格。

同时，师傅的业务结构和数量自然影响“学徒”成长和专业分化。由于师傅精力有限，“学徒”数量少时还能应付，一旦“学徒”多起来，师傅便难以招架。这只是一个方面，学徒是否可以更好地练兵与“师”的业务量也有直接关系。如果“师傅”的业务量少，而学徒相对过剩，就面临僧多粥少的局面，不利于成员的有效调剂。如果师傅业务量大，学徒的能力又难以应对，对客户也是一大“伤害”。同时，还会因业务的多元化，导致律师不得不处理并不感兴趣的专业实务。这样一来，自然难以维护客户的利益，保证服务质量，同时，对年轻律师的成长也极为不利。

最为关键的是，团队灵魂人物一旦离开或发生意外，其优秀的业务经验难以完全为团队成员所承继。

第二，标准（规范）缺失。传统“师徒”模式，完全取决于“师”的风格和专业水平。由于人与人之间个体差异极大，在带“徒”的过程中，“师”的风格并不能对每位“徒”奏效。

同时，没有标准（规范）模块，指导律师会因“事”硬性导向，而不是因人而异，因材施教进行针对性的培养。因此，在没有标准（规范）模块的培养机制下，作为学徒律师自然难以全面、系统、循序渐进掌握、领会“如何做律师”“如何做好律师”！

第三，流程缺失。通常，标准或规范化、流程化是系统化或制度化的具体体现和实施保障。标准或规范化只是解决模块或内容的“有形”或“固化”，但要完全实施还得有科学合理的流程配合体现。好比实体法和程序法的辩证关系，仅有标准或规范内容，没有流程管控则盲；仅有流程，没有标准或规范内容则空。

在传统师徒培养模式中，不仅没有规范或标准模块，也没有科学合理的流程控制。常常是随性而起，因人而异，让学徒律师时常“丈二和尚摸不着头脑”，尤其指导律师临时起意，想法随时更迭，更令学徒律师无所适从，不知所以。如果有一套完整的操作流程，学徒律师也就不会手足无措。

第四，系统缺失。“师徒”模式的随意性、任意性自然令“学徒”律师不知所以，“东一榔头，西一棒槌”，完全处于知识碎片境况。这不利于“学徒”律师的系统学习和成长。尤其是，在“学徒”律师法律思维的系统训练以及处理法律事务的技能系统掌握方面更是无处琢磨、依稀难寻。

作为律所或指导律师，几乎都期望学徒律师能尽快掌握律师技能和养成法律思维，尽早独当一面，成为律所人才梯队的参与者、领导者、引领者。作为学徒律师，也期望尽快熟悉法律事务，协助甚至分担指导律师的法律事务，为律所和团队尽个人微薄之力。律所或指导律师与学徒律师目标一致，可传统学徒模式并不遂人心愿、难以融通两方的一致心愿，致使“心愿与实际行动”或“知行”错位，而不能有效促成双方的一致目标。

第五，复盘缺失。复盘（围棋术语，也称“复局”），指对局结束后，复演该盘棋的整个过程，以检查对局中招法的优劣与得失。传统“师徒”模式少有“复盘”措施。

作为指导律师经常有这样的体验，当学徒律师三番五次不能办好一件事情时，与其发火动怒指责，不如索性亲自上阵，三下五除二处理妥当后径直发给当事人交差了事——学徒律师可能还在一旁绞尽脑汁琢磨如何"交卷"。面对学徒律师，不少指导老师总有恨铁不成钢的感觉，但又不帮助其复盘，查找出问题并指导其修正。

事实上，真理与谬误就在一念之间，有些技能与学问，只是"一层纸捅破"的问题，但完全让学徒律师个人去琢磨或捅破这层纸，就没有那么容易了。

第六，评估缺失。学徒律师是否具备律师的基本技能和业务水平，仿佛建立在指导律师的业务能力和水平基础之上，换句话说，指导老师的业务能力和水平成为学徒律师业务能力和水平的"天花板"。

笔者幼时看过有关少林寺的一部影片，讲到学武所成的僧人欲下山时，需要闯关通过才行，而这个闯关就是对其所学进行检验的一道有效措施。可如今的律所，又有多少建立了有关学徒律师学有所成的检验或评估措施。如果律所没有这样的措施，就难以对学徒律师的业务技能和水平作出较为理性的评估。虽然目前律协对实习律师考核越来越规范和科学，但多数只是停留在面上的一种措施，而不能保障律所自身的要求和精准定位。

三、"维新求变"才是硬道理

《礼记·大学》有言：苟日新，日日新，又日新。说的就是"维新"。基于哲学"变"的观点可知，世界的"变"是永恒的，是周流不滞的。因此，任何事与物都摆脱不了"变"的规律。

从这个意义上来说，对“学徒”律师的培养，对年轻律师能力的提升，就不能因循守旧，从一而终唱同一首歌。缘此，笔者并没有因踏破铁鞋在寻求律师培养的道路目前没有成效而气馁，也没有因律师业大多遵循传统的“师徒”模式而无望。

作为新晋为律师的法律人，已经在学校经历了系统、规范的法学知识和法学理论训练，所缺乏的是如何将所学的法律知识与现实的个案结合起来进行思考、分析并解决个案问题。

由于我国立法、法学理论的训练基本建立在大陆法系的大前提下，所以，如何在规范与现实之间建构通道或桥梁，答案显而易见，那就是“方法”——可喜的是，不少法学院校早已意识到此问题，或多或少进行了教学改革，外聘实务人士进入学校授课，让法科生一开始便接触实务技法和处理问题的实用思维。

律师人才培养目的就是帮助律师养成法律思维、科学解决问题，并将书本上的公平正义逐一落实到具体个案中；如何在实务中找到解决问题的支点，树立信心，赢得当事人的信任和尊重，使其乐意托付法律事务；如何在实务过程中以追求当事人利益最大化为中心，并兼顾合情合理的人情因素，寻求折中而不失公平公正地解决个案的“不二法门”，从而科学有效地处理好当事人委托事务，赢得各方当事人尊重；如何与法官沟通并说服法官接受律师的代理或辩护观点，最终诠释好法律的公平正义价值。

就律师人才培养路径探索方面，不是完全否定传统“师徒”模式，而是思考如何有效吸收传统“师徒”模式的精髓，如何在传统“师徒”模式人才培养的基础上，结合互联网工具及各类研判法学法律的新思维、新方法，契合律所的战略定位和中观规划及微观实施，形成一套科学、合理、体系完备、内容详尽且符合进阶路径的人才培养机制和教案。如此，才有利于律所在人才培养和储备方面占据鳌头，独领风骚，从而助力律所长远发展。

篇
二

律所专业路径探索

——法自然学院成立感言

无论是律师，还是律所，想赢得客户认可、尊重乃至口碑相传，需要在专业上下功夫，立足于专业的基石。若没有过硬的专业能力和素养，在行业中是难以长久立足和发展的。

为了提升法律服务的专业能力，每家律所都在不同程度思考、探索并推动相应改革，法自然律所[①]也在这样的大情势下，筹备并成立了“自然法学院”。

着眼于专业的提升和年轻律师的培养，自然是律所当下的头等大事，否则，律所迟早会关门大吉。

这些年，笔者也一直致力于推动团队、律所专业化建设的思考与进一步行动。不过，对律所整体的专业化建设和推动不是靠一两个人

① 为更好地表达，便以法自然律所名之，而学院则以自然法学院命名，如此诠释法自然与自然法的精妙。

的全力付出或推动就能实现的。借海华学院的成立，笔者也略微谈点感想，供同人思考。

一、着力于“教”“学”“愿（院）”三字下功夫

什么是“学院”？笔者认为，至少包括五个核心要素：一是学院的宗旨和理念；二是“教”的主体；三是“教”或“学”的内容；四是学员；五是场地。此处不对前述要素详论，单就“教”“学”“愿（院）”三字所蕴含的意义进行简要梳理。

（一）教

“教”与“学”是辩证统一,一体两面的。有教才能学，有学才需教。可是，谁来教，如何教，教什么才是关键，是我们必须面对且应认真思考的首要问题。

首先，谁来教。这涉及师资力量配备。不少人觉得，做律师的自然口才好，当老师还不是小菜一碟？笔者很负责任地告诉你，还真没有那么简单。

教学不只是一门专业性很强的学科，也是艺术。它不只是要求教学者擅长和熟悉教育的内容，懂得教学的技巧，还需掌握教育心理学等广博知识。因此，师资配备仍是一项系统工程，究竟是请高校资深教授、教育机构的讲师等外援，还是从律所内遴选优秀且擅长教学的律师来担任，不可谓不是一个问题。对师资的来源，可不是随便抓几

位能言善辩的人就可以糊弄的，这得从学院的定位，律所的规模，学院与律所的宗旨、理念等方面统筹，进行择优拣选，组建师资队伍。不过，无论如何，打铁还需自身硬。师资力量还得靠律所自身挖掘、自我培养才是长久之计。

其次，如何教。这涉及教学的方式、模式和技巧及教学者风格等问题。在互联网勃兴时代，自然得“互联网+”，通过案例、实操等多种途径、模式，集体授课与个别授课，现场与远程授课等相结合，目的就是高效、有用。对教学者风格问题，只有靠个人修行和锤炼，别无他法，但需有利于教学。

最后，教什么。这涉及教的内容，也为学的内容。律师学院与高校、职业学校及中介培训不同。律师学院的目的，是以提升全员尤其是年轻律师的专业技能、服务技能，以及提升服务品质和满足客户合法需求为导向的。鉴于此，教什么也就自然清晰明了了。

（二）学

教的目的就是促进“学”，当然，学也同样促进教，即所谓“教学相长”。作为律师学院需要发扬和光大“相长文化”。

首先，谁来学，以及哪些属于学的对象。笔者认为，一个都不能少，没有例外。律师行业就是终身学习的行业，也是新人辈出的行业，自然印证韩愈所说“弟子不必不如师，师不必贤于弟子，闻道有先后，术业有专攻”的论断。学习的事情，没有谁可以例外，也就没有谁有“不学”的特权。

其次，如何学。这涉及方法论的问题，并非与如何教对应。如何教解决的是教学的方式和技巧等，目的就是让学员在学习中吸收知识，达到“润物细无声”。如何学则涉及个体的学习方法和针对个体差异自我调整等问题。这也是学院需要关注并思考的问题。

最后，学什么。此往往与教什么对应，但个体也是有差异的，主要取决于个人的专业定位，兼顾兴趣爱好等因素。

（三）愿（院）

成立学院的目的就是实现其成立的“愿”，主要涉及学院的宗旨和理念。每个行为背后都蕴含动机和目的，学院成立不少，可究竟能否将其宗旨、使命、目标、理念等梳理清楚，厘定明确，就不得而知了。

笔者认为，“愿”不能解决，一切都是虚妄的，犹如无头苍蝇，能有什么作为；即使有了明确的“愿”，没有实际行动也是枉然。

二、学院输出的应为“资源”

这是资源的时代，每个人都离不了资源，每个人都极希望获得优势资源。但别忘了，这一切的背后关键在于将自身铸就为“资源”。

资源时代首要的是价值问题。想成为资源，就得让个人有价值。欲让个人有价值，就得在专业领域有话语权，在人格上令人尊重和信赖。

学院需要盘点家底，自我省察有没有拿得出手的“货色”，有没有爆款专业产品。若暂时没有，就得结合律所的人员知识结构和专业特长，尽快研发爆款产品或推出拿得出手的“货色”。只有如此，才能跻身于资源行列，引起他人挖掘的兴趣并乐意为人所挖掘。

三、虚实结合，“虚”得先行，“实”才靠谱

古人说，凡事预则立，不预则废。这个“预”就是策划，是纲领，是宗旨，是理念。没有这个“预”，也就难有靠谱接地气的“实”。

（一）虚实结合，由虚到实

学院得先淬炼理念、使命、目标，并最终落到实处。

学院得先从虚处下手，然后步步为营，具体落实，尽力推动“三边工程”，也即边思考、边行动、边修正完善落地。

（二）整体与多元结合，由一到多

联盟律所总部与各分所就是一与多的关系，整体与局部的关系。

自然法学院是全国各分所共下的一盘棋，需要充分调动与发挥各分所、团队的优势，方能重点突破、全面开花。

（三）内外结合，由内到外

所谓君子求诸己。学院需着力立足自身，向外突围、整合和跨

界。以此逐渐探索并形成律所专业和非专业等软实力特色，形成专业影响，直至引领行业。

（四）张弛结合，由紧迫到舒缓

自然法学院当下需琢磨紧急和重要的事情，如先将拳头产品尽快推出。紧迫重要的事情先推进，然后以点带面，全面、系统、纵深发展。

（五）专与博结合，由专到强

自然法学院需立足专业，但不应局限于专业。可拓展并延伸到专业外，围绕专业与服务，进行知识管理和服务库建设，建设大咨询通道和一站式服务战略，尽可能满足当事人多元、全面且饱含个性特色的合法需求。

一言以蔽之，学院需以客户需求为体，以“专业塑造人格”和“服务创造价值”[①] 为两翼组建团队，有序稳步推动学院的建设和发展。

① 数年前，以“专业产品化”和“服务体系化”作为团队的理念，后升级为专业塑造人格，服务创造价值。

篇三

实习律师应这样带

人天性有“好为人师”的一面，作为一名已有20多年从业经验的律师，笔者也不例外。只是笔者时常存在这样的担忧：笔者虽然出于“替他人着想”的良苦用心，但谁又能保证不会被他人误以为是“指手画脚”，好为人师呢？对此，笔者时常感到“左右为难”。

不过，作为实习律师的指导老师，有时候也不得不“自以为是”一番，使上浑身解数以助益实习律师。当然，指导实习律师的过程，也是自我提升的好时机。韩愈先生曾说，弟子不必不如师，师不必贤于弟子，闻道有先后，术业有专攻嘛。

下面，笔者简要说几点心得，与同人共勉。

一、沟通的桥梁——尊重

尊重往往是建构畅通沟通的桥梁。与实习律师、年轻律师相处，笔者始终坚持平等以待。

唯有彼此尊重，才能构筑平等对话的通道，才能相互促进，共同进步。

二、合作的润滑剂——真诚

各行各业往往被“教会徒弟，饿死师傅”的民谚所缚，甚至误导，以至于在带“徒弟”时，常常有所保留，这早已为人所诟病。

事实上，不仅律师之间，而且律师与当事人之间，乃至人与人之间，都理应“以诚相待”，何况“师徒”之间。彼此之间做到“正心”“诚意”，不仅避免相互猜忌，化解误解，而且更有利于彼此无间，通力合作找到更务实的方案，提供更有效的服务。

三、成长的代价——严厉

古话云，严师出高徒。笔者对实习律师算是较为严厉的，不单为了追求“出高徒”，更是律师操守和律师职业精神的内在要求。

任何一个法律问题，或案件或专项法律服务，不问标的额大小，对当事人来讲，都是天大的事儿。因此，一旦当事人托付，我们就得严阵以待，全力以赴，来不得半点儿马虎。

正是基于“育人”的内在要求以及当事人的外在诉求，促使律师执业必须慎独、严谨、谨小、慎微。尤其在文书准备，材料的收集整理，法律法规的解读，待人接物，端茶倒水等做人做事细节方面。同时，在不少方面还是“零容忍”的，比如，文书中涉及的当事人信息的准确，诉讼请求的完善（不能有遗漏），语言表达简练及流畅，标点符号、文书格式等尽量规范，避免出现错别字，等等。

四、培养的法宝——施压

对实习律师，由于专业经验的缺失，在个案面前，时常束手无策，如果指导律师不统筹、主动安排法律事务，实习律师也常常不敢主动请缨，自然导致“无所事事”，或“无所适从”的局面，从而助长其惰性滋生。

因此，笔者通常会因人而异安排法律事务，尽可能引导实习律师主动思考，不必受制于指导老师经验或名头的影响，逼迫他们自我超越，从而找到律师执业的最佳路径。有时候，甚至会故意多安排一些法律事务，以训练、检验他们抗压和如何协调、有机处理扎堆事务的综合能力。

五、技能的指引——提点

通常，凡是通过国家统一法律职业资格考试的法律人，在理论知识掌握方面多半已是手到擒来，但在解决个案和具体法律事务过程中，并非就能将书本法律知识和具体个案有效结合，尤其针对个案涉及多部门法律交叉适用时，如何厘清头绪，如庖丁解牛般做到了然于胸、游刃有余，则是难于上青天了！这些可不能凭借“初生牛犊不怕虎”的勇气，也不能通过试错思维逻辑检验，以及无知无畏的“胆大”就可以解决的！

因此，在一些关键方面，还需指导律师“点破”理论与实践之间横亘的那层“纸”。不然，实习律师免不了“只在此山中，云深不知处”的瞎撞乱碰，急得摩拳擦掌，却无法靠近“敌人”半步。

在这个节骨眼儿，就需要指导律师直截了当，阐明“知其然”和“知其所以然”的背后理论，从而让实习律师豁然开朗，脑洞大开。

六、行动的灯塔——示范

有道是，言传身教。律师职业尤为如此。

比如，修改法律文书，笔者会请实习律师先修改，通过团队三级流程把关保障文书修改的质量。修改完毕，笔者会和实习律师一一交流，为什么要修改这些条款，为什么要如此修改，修改的法律依据和事实根据及现实意义，等等。

亦如，法律方案的制定、法律文书的起草等，笔者都会安排实习律师独自先穷尽所能去准备，并限定完成时间。之后，笔者会逐一调整并向实习律师一一说明缘由，让实习律师明了背后的法学原理、法律依据及事实根据。

只有从洒扫应对、待人接物、拜访客户、个案的系统处理、服务方案的设计和论证等方面，手把手指导实习律师，才能促使他们积极参与，“身临其境”，养成“法律人思考”的服务意识及习惯。

限于笔墨，笔者只能提纲挈领泛泛谈谈。其实，指导实习律师岂能几句话就能说得明了的。其间，必然大有学问，也需因材施教。

篇四

青年律师培养

梁启超先生在《少年中国说》中慷慨激昂抒写道，“少年智则国智，少年富则国富；少年强则国强，少年独立则国独立；少年自由则国自由；少年进步则国进步；少年胜于欧洲，则国胜于欧洲；少年雄于地球，则国雄于地球”。此番警世之言对律师事务所的建设与发展具有同样高屋建瓴的指导意义和价值。

律师事务所能否持续长远发展，与律师事务所是否重视青年律师的培养密切相关。

一、端正观念，求诸己

《论语·卫灵公》载，子曰：“君子求诸己，小人求诸人。”这是告诫我们在人生路上，应发挥独立自主的主体意识，在面对困难或陷入困境时，多发挥主观能动性，凭个人之力去解决，而不是动辄寻求他人帮助或援助。孔夫子告诉我们的精髓就是，人应首先内求，自我救赎，而不是一味向外求他人助力。

律师职业也不例外，作为青年律师，无论在执业过程中，还是在生活方面；无论在执业经验、专业能力方面，还是在经济收入、幸福指数方面，自然面临不少困难或阶段性难题，不能因暂时的困难就妄自菲薄，对个人失去信念，越是如此，越要端正观念，树立正念，养成正见。

上天派我们来到人世，就是让我们肩负责任，来尽本分的（无论从事何种职业，做人是第一位的，尽责任是首要的。尽本分就是尽责任）。我们岂能遇到困难，面临挫折就退缩，就回避。我们要践行《论语·雍也》中“己欲立而立人，己欲达而达人”的士大夫精神。

因此，律师事务所对青年律师的培养，首先要帮助青年律师从认知上由“外求”的历练转变到“内求”的自我修炼上。从理念上令其强大起来，让青年律师凡事多从自身找原因，不要抱怨，更不要气馁，力求“不怨天、不忧人”，琢磨透、消化好、领会通达“我是一切的根源”的真谛。

对青年律师培养的第一课，律师事务所应将执业的利他精神与品德操守，执业的无我旨趣与甘于奉献态度，执业的为人与技能，执业的德才双修，执业的习惯与精进并举等精准传达给青年律师，让青年律师明白、通透执业的道与德。

二、建立健全规范系统培养机制

针对青年律师的培养，恕笔者孤陋寡闻，并没有见到较为系统、规范的培养指引，或相关系统化培养课件。当然，也不能断然判定律师界就一定没有培养青年律师的系统规范课件或指引，或许不少律师事务所已经研发出一套系统培养青年律师的教程，也未可知。只不过出于保守或因商业秘密而不愿外泄罢了。

万事万物都是有规律可循的，青年律师培养也不例外。

笔者曾指出传统“师徒”培养模式存在传承缺失、标准缺失、系统缺失、复盘缺失、评估缺失等缺点。如今，需要与时俱进，需通过借鉴与批判、反思与进取、总结与提炼、传统与创新相结合，最终形成一套体系化律师培养机制。如此才有助于青年律师“苟日新，日日新，又日新”。

课件或指引需根据律师事务所的战略定位、专业布局、人才规划等针对性研发，适时调整，一切以青年律师的成长为中心或重心开展。

三、建立师资人才库

律师事务所需建立师资人才库。人才库以本律所的资深律师担任为主，以外聘专家团为辅。

律师事务所应在现有律师队伍中挖掘、培养有经验且擅长培训的律师。笔者认为，律师事务所应不拘一格调动全所人员，包括行政等辅助人员。只是在建设师资人才库时，需形成梯队建设，由实务经验充足，善于拿捏培训技巧的律师率先垂范，带动全所成员。

其实，每个人都是上帝的宠儿，都有过人之处。我们需要的就是扬他人之长，避自己之短。古人云，金无足赤，人无完人。每个人自有不足之处。这就是团队、人以群分的必然。

师资团需根据青年律师的成长阶段，拟定出培训提纲，并形成培训课件。培训课件不能一成不变，需在培训过程中，不断调整、优化，在动态过程中保持科学性、合理性及针对性。

青年律师也需要积极思考、学习。在培训和需求之间畅通供给侧培养体系，解决供需的精准对应，避免各唱各的戏。

四、形式多样，内容多元

青年律师培养的形式需多样，内容需多元。

法律当以实操为要务，通过座谈、专题讲座、主题培训、模拟法庭、论坛等方式集中、浓缩学习相关专业知识和技能，归根结底着力在具体个案中。

在个案中是否能发力，是否能拿捏尺度，找准靶心，一方面需要指导老师手把手指导，另一方面青年律师要积极主动思考，行动起来。

就青年律师的培养，律所需从任由青年律师野蛮生长发展到律所系统规范培养的阶段。对此，律师事务所责无旁贷，任重道远。律师事务所需在青年律师培养的形式和内容上下功夫。

第一，量体裁衣——根据青年律师的不同阶段进行区分。比如，针对实习律师、律师助理、年轻律师等不同阶段的青年律师，需对设定的课程、课时、内容、偏重点形成差异化。

第二，内容系统规范。比如，以律师成长的规律，可以循序渐进设置“走进律师与律师事务所、会见客户与提供法律咨询、与客户沟通技巧、案件收费技巧、调查取证的技巧、法律职业者视角下的案件处理、如何提供可视化法律服务、如何检索法条和裁判案例、庭审模拟、法律文书写作、调解的基本技巧训练、与法官沟通技巧、律师如何营销、律师如何‘售后服务’、如何成就大律师、律师社交与礼仪”等课程。

第三，内容应以法学理论与法律实务为中心进行拓展，形式当以内训为主的多样化。内容方面不局限于法学、法律与裁判案例，还可涉及谈判学、文学、国学等法外学科。形式方面采取集中授课、角色模拟、案件分析、小组讨论、实际参与办案等多种方式。

第四，技能培养。比如针对青年律师，需要对法律思维、沟通谈判、团队协同管理、演讲、写作等技能进行系统训练。

第五，成果评估。每阶段的课程要求相应的培养对象必须掌握所有环节，完成完整的阶段系统培训。然后对所学内容进行总结、回顾、分享经验、寻找不足，并由指导人员和学员双向评估，以此不断督促指导人员与学员“教学相长”，不断优化培训课程，提升培训产品质量。

篇五

律师十诫[①]

基督世界有《摩西十诫》，传说是上帝在西奈山的山顶亲自传达给摩西的，是上帝对以色列人的告诫。后来《摩西十诫》被称为人类历史上第二部成文法律，体现了平等的“人神契约”精神。

笔者借用“十诫”，以此作为律师执业修为和修炼的戒条和告诫。以期个体在现在和将来从事律师职业过程中，不至于偏离航线，避免如泰坦尼克号触碰冰山沉船悲剧的发生。

一、虚心

《道德经》曰，“是以圣人之治，虚其心，实其腹”。无非告诫世人唯道集虚，放下执着，保持心灵一片清明。

为什么要“虚心”？如果把“心”比作一个容器，那么不“虚心”

---

① 之所以以此为题阐述个人心得，蒙恩于弘一法师曾在妙释寺作过题为《改过实验谈》的讲演，其实质为弘一法师自身学佛与自我修炼的经验总结。借鉴弘一法师的经验十条，笔者也结合个人做律师这些年的自我修炼和反思概括为“十诫”，以此作为个体法律修为的勉励。

就是“心”不空，心既然不“空”，就难以容纳好的东西进来。所以世俗将“虚心”说成“归零”，无非是避免个体产生“骄傲自满”的情绪。也就是毛主席所说的“虚心使人进步，骄傲使人落后”的道理。

道理虽简单明了，但真正去践行，保持“虚心”状态并非易事。

人是很奇怪的动物，很容易产生“骄傲”的情绪。尤其在“人以群分”的社会逻辑中，自然产生“分别心”。有了分别心也就有了比较，有了比较自然分化差异，个体的“骄傲”情绪便油然而生。

骄傲是自我主义的一种表现，是自以为是的一种状态。人一旦“自以为是”，而以他人为“非”，就是骄傲。一旦表现为“骄傲”，除了自己或自在，都不能客观正视他物（或人）与他在了。这样的状态将抑制个人的进步或发展。

虚心是个体健康成长的心理前提，没有虚心的心理状态，难有长足的进步与发展。

二、慎独

“慎独”源自《礼记·大学》：“此谓诚于中，形于外，故君子必慎其独也。”不过，大多数人认为“慎独”源自《礼记·中庸》：“道也者，不可须臾离也；可离，非道也。是故君子戒慎乎其所不睹，恐惧乎其所不闻。莫见乎隐，莫显乎微，故君子慎其独也。”

“慎独”是儒家为人处世的自律要求，是对个体道德修养、品行操守、行事风格的克己标准。东汉郑玄注《中庸》“慎独”为“慎其家居之所为”。现今大众普遍认为，“慎独”指个体在独处无人注意时，自己的行为也要谨慎不苟，或在独处时能谨慎不苟。

世人常将儒家作为“入世法”以自律。此说法虽不全对，但也不无道理。从事任何职业，第一要务是做人。欲做人，“慎独”是基本的一环。

其实，人在独处时，如何做到人之为人，如何做到无愧于心，如何做到浩然正气，天人合一才显得尤为重要。

一个人要做到人前人后一致，确实不易。正是不易，儒家才提出这样的要求。越是不易，我们越要以此要求自己。

不过，由于人的性情很难做到始终如一，容易受个人得失、环境或外界影响。人在群居和独处时也常常表现差异。正是这样，儒家才倡导“慎独”的重要。通过慎独的修炼，个体能做到一以贯之，恒定如一，这才是做人的旨趣。无须“阳奉阴违”“虚与委蛇”“两面三刀”“牛头马面”般苟且侥幸地活着。

做律师，无论在公检法驻地，还是当事人面前；无论居庙堂之高，还是处江湖之远；无论为公众人物，还是回归宗族祠堂，始终保持做人的“一”，也就不会为世俗的条条框框束缚，不会被各种眼光所左右。犹如一位远行归来的游子，卸下包袱，享受惬意的人生时光。

三、宽厚

“宽厚”源自《管子·形势解》“人主者，温良宽厚则民爱之”。笔者认为，“宽厚”是丈量人“心”和“德”的“度”。人心“纳百川”为“宽”，德能载物为“厚”。

做人不能小肚鸡肠，需大肚能容，尤其要能容异己之人与物，异己之言。笔者此前也不爱听他人忠言，总感觉刺耳、不中听，甚至有时候认为这些人是不是别有用心？因此，为了表现出不屑，常常以“知我者，谓我心忧；不知我者，谓我何求”以自慰。

其实，律师的职业决定了与形形色色的人交往，如果不能拿捏好人际关系的度，严于律己、宽以待人，会陷入这些人情纠葛中不能自拔，进而影响个人在专业上的钻研、服务质量上的提升。

尤其刚出道做律师的时候，容易将对方视为“仇敌”，非要拼杀个“你死我活”才痛快。那时候，根本就不能客观理解法律的功用，也不能客观看待律师职业的内在生命，片面将法律视为武器，作为打倒对方的手段，而不知法律也为化解纠纷的艺术。这就是心胸不“宽”，视野过于狭隘所致。

法律人不能仅拘泥于定分止争的法律工具表面，还需通达法律规劝、教化的功用。一旦将法律的形与神融会贯通或汇通一体，在处理纷繁复杂的法律实务时便不会陷入机械僵化，在化解处理人间是非矛盾时便能游刃有余。

四、吃亏

“吃亏”源自唐杜牧《隋苑》诗：“却笑吃亏隋炀帝，破家亡国为谁人？”意思是在某方面条件不利。在佛家，常认为吃亏可以消灾免祸，化祸为福。

世上本没有绝对的公平，自然存在不平衡，利益不均的情形。吃亏不只是存在于同事之间、个人与客户之间，它存在于生活的方方面面，发生于普罗大众之间。

《老子·道德经》载，天之道，损有余而补不足。人之道，则不然，损不足以奉有余。笔者相信天道的力量，相信“能量守恒”的天道原理。从这个角度，吃亏也是变相地占便宜。有了此前的“吃亏”，才有后来的天道补不足机会。因此，作为俗世的个体，不必事事锱铢必较，处处求公平。

能够吃亏，证明有吃亏的“本”，或有吃亏的能力。否则，何来的吃亏？从事律师职业以来，吃亏已为笔者的家常便饭，至今并没有多少改观。比如，实习那年，总收入仅 2000 元，严重入不敷出。可是，在受教方面，这个过程迫使个人不断成长，找方法、探门道，寻求自我营销的路径……

后来，正式执业了，也有同行会捉弄你。当事人贪便宜、不支付律师费也为常事。如果每桩不平事都斤斤计较，哪有自我净化、学习进步的精力和心境。

笔者认为，吃亏就是福，吃亏越多，个人口碑自然不差，回报也接踵而来，最终受益的自然是个人。

五、敏行讷言

《论语·学而》载，子曰："君子食无求饱，居无求安，敏于事而慎于言。"做律师尤为如此。多在专业上下功夫，多研判案例、推敲法条，谨行慎言。

律师职业决定了语言在个案中的精妙与作用。因此，如果不加强平时对语言的修炼，在个案处理过程中，便会出现不逊或不善的言辞，甚至不精准的意见。

学法的人，骨子里希望个性张扬、不吐不快的人际交往方式。比如，在社交场合，自觉不自觉便抛售个人的观点。甚至在某些不太擅长的领域，面对记者的话筒，也兴致盎然搜索枯肠说几句观点。有时候，在庭审过程中，高兴过头就会得意忘形，带点情绪或表演成分。这不仅让法官不乐见，也容易激怒对方当事人情绪。

因此，作为律师，需要拿捏好说话的分寸，审慎发言，一语中的。同时，也要在个人专业上不断推敲、精进。这样才能挥洒自如地展示法律公平正义的光辉。

六、不说人过

《增广贤文》载“谁人背后无人说，哪个人前不说人”。越是这样的人世氛围，越需要三缄其口，不卷入口舌是非。

律师职业决定了与人交往甚密，注定在人际关系中穿梭，获取的信息自然较他人量大。人的嘴除食用食物外，主要是为了“说话”与表达。

古人说，来说“是非者”，必是“是非人”。我们在谈论事时，总是不小心牵扯到“人”。以至于在沟通交流过程中，自然而然开始对他人品头论足。这虽是自然之理，但作为律师，一个高尚的职业人，理应遵守职业的操守并彰显职业精神。

无论是同事之间，还是与当事人之间，尽量避免人后说人，人前论他人短长的情形。不只是隔墙有耳的风险，而是容易导致以讹传讹的现象。最终衍生是非，影响正常的人际关系。

作为俗世之人，背后说人也难免。但作为职业人员，应尽量保持清醒，把握原则，避免卷入“说是非，话短长”的境地。

儒家说，克己复礼。身为律师，多从“克己”上下功夫，对言行有所刻意束缚，久而久之，便可以避免不少口出之祸，换得清净人生。

七、不文己过

此处“文”指纹饰、掩饰之意。

人非圣贤，孰能无过？其实，即便圣贤，也会有“过”。有“过”并非一味就是丢人的事情。关键是如何看待己“过”。

《论语·子张》载，子夏曰：“小人之过也必文。”意思是，一个人犯了“过”，总是想方设法掩盖、掩饰及开脱个人的“过”。

一旦动了掩饰开脱的念头，就需要谎言饰非，这样下去，就需要不断以谎言度日，到头也难以掩盖真相，反而令自己不堪重负，背负沉重的枷锁。

因此，要尽量避免不犯“过”。如果一旦犯了，需有直面“过”的态度和勇气，不必文过饰非，得从中学会省思，找到症结，不断提炼、总结，避免事后再犯。

八、不覆己过

不覆己过是指不重复犯同样的“过”，也指不敢承认个人的过。

孔子评价颜回说，不迁怒，不贰过。孔夫子称赞颜回能做到“不贰过”。这个看似不经意的评价，其实对个体而言，是很难做到的。

作为律师，无论日常的为人处世，还是执业过程中点滴唯务专业，须避免生“过”，一旦生“过”，须重视，发忏悔心，祈请他人原谅。断不可闭口不承认，自诳自欺。

曾子曾说，吾日三省吾身。“省吾身”的目的就是正视个人的毛病，有了毛病就得改过，不再触犯。

《弟子规》载，闻过怒，闻誉乐；损友来，益友却；闻誉恐，闻过欣；直谅士，渐相亲。对待“过”的态度，决定了未来人生的走向。人的一生免不了在试错中成长，须避免一事贰过。只有如此，才能匍匐向上，行远自迩。

九、闻谤不辨

俗话说，誉满天下，谤亦随之。人生在世，总会被各色人评头论足。有人说好，有人说坏，嘴是他人的，管他话短长。

韩愈说，不以物喜，不以己悲。你就是你，不因他人搬弄是非，影响自我确信；也不会因他人说你好，你就沾沾自喜。关键在于直面本色自我。

听到他人对自己的诽谤，不用去辩解，也不必辩解。正如古人所说，何以息谤？曰无辩。

常言，清者自清。互联网时代，说话不负责任的大有人在，自然有人通过网络泄愤，对待这些无聊之徒，何须认真针锋相对辩解。与其如此，不如静心凝气，该做什么就做什么。

十、不嗔

“嗔”是怒的意思。《华严经》载，“一念嗔心起，百万障门开”。

足见,“嗔”对人的毒害。在生活中、工作上，难免遇到不如意的事情，容易生“嗔心”。这对个人的身体、待人接物都是不利的。

这就需要在日常生活中，不断克制自己，宽心虚怀，不让各种不顺心、不如意的事情与人住心，这样就可以守护清静自在的内心，避免生“嗔怪”情绪。

庄子曰,“绝迹易，无行地难。为人使易以伪，为天使难以伪”。人的一生自然敞露天地间，无处遁形，本色做人便好，去伪、去骄、去奢、去妄。虽然人生一辈子总免不了自欺、欺人、被人欺。[①] 但求“心斋”，少思寡欲，谨记十诫，清静有为。

① 参见南怀瑾:《庄子諵譁》(上册)，上海人民出版社 2007 年版，第 323 页。

后记

笔者从业已20年，已将最美的青春年华奉献给了律师业。时间的自然流逝不过是生命的自然刻度，并不能代表专业水平高下的“质”以及人品、学品上彰显的“道”。因此，自从业以来，笔者不敢有丝毫疏忽大意和懈怠，总是战战兢兢，如履薄冰。

古人说，人贵有自知之明。笔者来自农村，习惯乡土的质朴，大地的厚德载物，更喜崇尚自然的朴实美，也更亲近自然的内生力量蓄势。平心而言，笔者并不羡慕他人膏粱锦绣的生活。加之，父母及长辈们朴实无华的做人为人之道的润泽，悉心的谆谆教诲，更增添了个人的那份自然、恬淡、虚无的人生价值取向。

笔者深知大千世界，智者、慧者及高人无数，作为匆匆过客，最终也不过化为极为普通的一粒尘埃而已。这些年，虽取得零星成绩，略有作为，但自知根器过浅，没有什么过人的才与智。如果说这些年还取得了些许成绩，一方面得益于周遭亲朋好友的援手、爱护及指导，另一方面也是个人的加倍努力，超常人的付出，孜孜以求、钻之弥坚的精神使然。

《老子·道德经》载：大道废，有仁义；智慧出，有大伪。作为今世之人，更应静心凝气、虚空内心、九九归一，寻求和守护内心的那片宁静，这或许才是人生真谛。

本书只是前些年，笔者将从业以来的点滴、知与行、思与虑、经验与教训加以整理汇聚而成。希望能对同人，尤其是年轻律师，在职业选择、专业精进、生活认知、人生触动等方面有所裨益，这便是对笔者的莫大鼓励和安慰。

当然，本书也汇聚了亲朋好友、校友、律界同人的智慧，尤其是西南政法大学龙光美老师的不吝赐教，时常提点，赋予笔者前行的不竭动力；感谢重庆百君律师事务所孙渝大师兄、大律师在百忙中为拙著写序；感谢沙兴乾先生（沙老大师兄）、郭星亚先生（大师姐）、刘桂明先生、范雪飞大师兄（资深教授）、吴清旺（大师兄、大律师）拨冗为拙著写推荐语；法·自然律师团队承担了本书繁重的校对工作；母亲大人对笔者的宽容和默默支持；兄长李柄蔚先生十年如一日、一如既往地关心、指导、指点，赋能笔者动笔的勇气；内子承担了养育犬子敦敏、稼轩的重任……

最后得感谢资助本书出版的云南正道实业集团有限公司董事长刘云先生，是刘云先生的大爱与慷慨，才催生了本书的尽早面世。

在此一一揖谢。感恩岁月的磨砺，见证了人世的是与非、善与恶，沉淀了人间的真假虚实之情义！

李承蔚于何陋轩

2018年6月6日初稿

2025年1月25日修改

附录

李承蔚：著书背后的人文关怀[①]

之前读李承蔚的文字，总感觉他不太像律师，因为他的字里行间似乎过于温情绵柔。但读了《商品房买卖合同纠纷典型案例研究》，不禁感慨，绵柔之酒更显醇香醉人。如昆明的四季如春，“不激不厉而风规自远”，李承蔚在业务精专之上，更懂得以人文关怀化解纠纷诉讼之戾气。

方圆律政：请你介绍一下这本书。

李承蔚：本书主要根据自己从事律师职业十多年的经验和所处理过的典型、疑难案例，将其类型化加以编排、分析并研究而成。本书共五章：第一章《人·人格·民事主体》，主要从法哲学或法理角度梳理近代以降民事主体源流。第二章《商品房产权变动主体论》，主要从商品房交易变动角度厘清主体适格问题。第三章《商品房买卖

① 慕振东:《李承蔚：著书背后的人文关怀》，载《方圆律政》2014 年 6 月。

合同：订的陷阱》，本章分“诚意金：非诚勿扰”“格式合同：‘紧箍咒’？”“书面合同：有为利　无为用”三节，归纳并探讨商品房买卖合同在订立过程中容易发生的风险与预防措施。第四章《房屋交付的罪与罚》，商品房买卖合同纠纷易发在两个环节，一个是合同签订环节，另一个是合同履行环节，尤其商品房交付环节是纠纷普遍存在的高发领域。本章分“商品房交付：无中生有”“产权过户未登记：分娩前的阵痛”“迟延交付：潘多拉的盒子”三节，以揭示房屋交付环节的系统风险并厘清其法律关系及购房者如何运用法律武器进行维权。第五章《真实的谎言：一房二卖》，很多开发商或销售者基于利益驱动可能会出现“一女二嫁”的情形，作为购房者应尽可能在交易过程和履行法定程序方面着眼，以降低或杜绝他人的道德风险。

方圆律政：那这本书有什么特色呢？

李承蔚：本书主要有以下创新：

一是写作思路和风格方面，借用导师李开国先生《序言》所记，“尤其本书的写作思路和风格，让人耳目一新，一反此前大多数学者所著案例集。此前大多案例集的写作路径遵循‘案例—司法观点或裁判观点—评析’模式，而本书则以‘案例—梳理学术观点或建构自己观点—分析案例’模式，每一章节仿佛一篇论文，既有学术观点，又有分析案例的是非对错结论，从而兼顾了法学研习者和购房人各有所需，以便满足各类群体的需要”。

二是写作构造和版式方面。正如导师李开国先生所述，“不同地域，不同当事人所遇到的案例各有差异，但从研究视角，将各种案例类型化，无论对学者、高校研读法学的学生，还是普通百姓，无不具有指导意义”。在版式方面则采用“章节标题—引用名人名言揭示主旨—简要陈述案例—正文—理论梳理—案例分析”的形式表现写作思路和表达主旨。

三是案例选择方面。正如导师李开国先生在《序言》中所载，该书所列举案例均具有很强的代表性，部分案例亦带有趣味性。

方圆律政：您是否愿意与大家，特别是同行分享一下您的创作理念，创作初衷？

李承蔚：写这本书，动机有三：一是系统梳理《物权法》、《合同法》及《公司法》等法律；二是针对现行的某些法律制度进行一定程度的检讨，以期抛砖引玉，唤起同人们的关注和进一步揭示其不足并论证如何完善或弥补残缺；三是市面上的案例类著作，绝大多数以“案例—裁判观点—评析”的套路写作而成，对此，本书作了一定的创新尝试，以“典型案例—理论梳理—案例评析”的路径加以阐释，以期对此类主题的创作模式作一丁点儿的创新。

做律师这些年，不仅没有被俗世“征服”，反而理想主义色彩更浓。因此，闲暇之余，仍不断摄取哲学、伦理及理论法学等养料，以期通过这些点滴努力为法制和法治做点什么。鉴于此，本书或许也是对这些年就法律的所学、所悟、所用的检验或著书立说的再次尝试。虽然此前出版了拙著《法意人生》，但那只是正餐前的“点心”，无非起着“开胃”的作用而已。同时，亦誓愿以行动诠释“知不可而为”“为而不有”的趣味人生，从而尽量在物欲横流的当下，求得心灵一片净土，以供思想耕耘，期望结出硕果，为法治进程尽献绵薄之力或通过这种方式证明法律人并非必须“折腰事权贵”才能彰显“君子之达”，而应安身立命于专业锻造才能有所作为。

方圆律政：这本书展现了您及您团队的法律人风格，您能否介绍一下呢？

李承蔚：借用导师李开国先生《序言》中所叙，“李承蔚同志热爱法律、法学，一直梦想成为法律人、法学家。几年前，他以优异成绩考入西南政法大学民商法学科，成为我的研究生。在读研期间，他曾就民法诸多问题向我请教并进行探讨。我还记得，在毕业论文开题时，他以‘形成权研究’作为选题。就该选题，鉴于当时国内学者探讨不多，成果罕见，对他能否就此题目写出数万字的硕士学位论文，我略有担心。后来没想到的是，他在这方面涉猎广泛，研究甚深，居然写出了一篇洋洋数万字的硕士学位论文并得到论文评阅专家和答辩委员会专家的好评。这些年，李承蔚同志虽然远离了高校，但仍持之以恒，锲而不舍继续圆其学术梦，实在难能可贵。作为法律人，能一直秉持学术品格实属不易，对此，我深感骄傲”。

当然，如上褒义之辞源自导师李开国先生长者仁厚的关怀与勉励，不免有着“爱屋及乌”的嫌疑。但屈指算来，我也浸淫法律界十数年，确实期望能在专业领域有所作为。所以，一直在理论创作和法律实务之间寻求平衡，贯通两者之间的“血肉”联系，从而让理论得以深入，令实务越加升华，两者互为推动和提升，从而改变片面学术的空洞和一味实务的“营养不良”。

方圆律政：律师工作一般都非常繁忙，在本书的编著中，有哪些您觉得难忘或有趣的事情可以分享一下？

李承蔚：律师职业的特殊性决定了时间被碎片化。但正所谓人生须臾，我们不能就此随波逐流，受制于时间的刻度。正如《劳作与时日》中所述，人天生便匮乏，因此指令人必须劳作，这或许就是这些年我乐意孜孜不倦“思考人性的枷锁或囚禁在冥想人性的牢笼”的原因所在。

古人云，凡事预则立，不预则废。有时灵感显现，好比遇到心仪姑娘，令你食不甘味，寝不安席；有时躺在床上思考略见端倪，有着“情人怨遥夜”的焦虑与不安从而彻夜难眠，一直琢磨或推敲到天明；有时好些天都处于混沌状态，只能通过遍览“文史哲政经法”方面的图书以寻求“源头活水”的灵感。自确定本书创作主题以来，养成了早早起床的习惯，利用晨起的时间进行创作，或晚上趁着家人休息后，怀着“人约黄昏后”的那份窃喜而悄悄起床将思考的点滴心得记录下来。除行文特别的遣词造句外，针对每章节的标题也是几易其稿，反复推敲和修改。就这样行走坐卧均沉浸在创作中，有时遇到趣味契合的朋友，则情不自禁“兜售”自己的想法，有时不经意想到某种思路时，实在找不到行业内人士交流则和家人或处于孩童时代的孩子“对牛弹琴”一番，就这样不到数月，本书初稿便落成。

现在回想起来，正如时常自我调侃的那样，“人家追求黄金，我却讲究良心；人家追求婚礼，我却追求真理”。在创作过程中，亦得到友人这样评价，即“家庭中太呆，为人中太憨；谈吐间显雅，行动中太儒；生活中太傻，工作中太疯，学术中太迷；骨子中太狂，世俗中不张扬；性格中太坚持，平素中不迂回；成人太正，湮没了邪气”。这或许是对我痴迷学术的最风趣注解。

方圆律政：您近期或今后是否还有出书的计划？如果有，会倾向于哪些方面呢？

李承蔚：这些年主要涉足金融、建设工程、新能源等非诉讼领域，因此，将适时根据实务需要予以著述创作。最近，主要关注律师业、依法独立行使司法职权、地产等热点问题，已经创作了几万字，争取在明年出版一本随笔集，往后将会在新三板、私募等金融专题，企业法律风险，并购重组，资产保全，建设工程，土地整理，人性、伦理等领域予以系统创作。

著书人感言

记得蔡元培先生曾言，“入法科者，非为做官；入商科者，非为致富”。“大学为纯粹研究学问之机关，不可视为养成资格之所，亦不可视为贩卖知识之所。学者当有研究学问之兴趣，尤当养成学问家之人格。”因此之故，作为后学，尤其对学术较为执着或者说过分“痴迷”，这些年一方面谨记前人教诲，另一方面誓愿就各门类学术渐进探索，以行动诠释“知不可而为”“为而不有”的趣味人生，从而尽量在物欲横流的当下，求得心灵一片净土，以供思想耕耘，期望结出硕果，为法治进程尽献绵薄之力或通过这种方式证明法律人并非必须“折腰事权贵”才能彰显“君子之达”，而应安身立命于专业锻造才能有所作为。

家庭中太呆，为人中太憨；谈吐间显雅，行动中太儒；生活中太傻，工作中太疯，学术中太迷；骨子中太狂，世俗中不张扬；性格中太坚持，平素中不迂回；成人太正，湮没了邪气。